JOEL GREENBLATT

DIE BÖRSEN ZAUBERFORMEL

Wie Sie den Markt mit Leichtigkeit schlagen

DER AKTIONÄR EDITION

Die Originalausgabe erschien unter dem Titel
The Little Book That Beats the Market
bei John Wiley & Sons, Inc.
ISBN 978-0-471-73306-5

Übersetzungsrechte in Zusammenarbeit mit
The Sandra Dijkstra Literary Agency

7. Auflage 2026

Übersetzung: Egbert Neumüller
Druck: CPI books GmbH, Leck, Germany

ISBN 978-3-938350-15-7

Bibliografische Information der Deutschen Nationalbibliothek:
Die Deutsche Nationalbibliothek verzeichnet diese Publikation in der Deutschen Nationalbibliografie; detaillierte bibliografische Daten sind im Internet über <http://dnb.d-nb.de> abrufbar.

BÖRSEN MEDIEN
AKTIENGESELLSCHAFT

Postfach 1449 • 95305 Kulmbach
Tel: +49 9221 9051-0 • Fax: +49 9221 9051-4444
E-Mail: buecher@boersenmedien.de
www.boersenbuchverlag.de
www.facebook.com/plassenverlag
www.instagram.com/plassen_buchverlage

Für meine wundervolle Frau Julie
und unsere fünf herrlichen Sprösslinge

INHALT

DANKSAGUNGEN

Ich danke den vielen Freunden, Kollegen und Familienangehörigen, die zu diesem Projekt beigetragen haben. Besonderer Dank gilt meinen Partnern bei „Gotham Capital", Rob Goldstein und John Petry. Sie sind nicht nur die wahren Co-Urheber der „Zauberformel-Studie", die in diesem Buch enthalten ist, sondern es ist auch ein seltenes Privileg, derart brillante, begabte und großzügige Menschen als Geschäftspartner zu haben. Ihr Beitrag zum vorliegenden Buch – und zum Erfolg von „Gotham Capital" – kann gar nicht genug betont werden und wird mehr gewürdigt, als ihnen bewusst ist.

Ich möchte außerdem Edward Ramsden von „Caburn Capital" für seine außerordentlich geistreichen Anmerkungen, Empfehlungen und Änderungen besonders danken; Norbert Lou von „Punchcard Capital" vor allem für seine Anregung und seine Vorschläge für Kapitel 9 und Patrick Ede von „Gotham Capital" für seine wesentlichen Beiträge zur Zauberformel-Studie, für seine intelligenten und hilfreichen Bemerkungen sowie für seine redaktionellen Fähigkeiten. Außerdem gebührt meinem Bruder Richard Greenblatt von „America Capital" ein großer Teil der Anerkennung dafür, dass er mein Hauptlektor war, für seine vielen guten Ideen, seine zahlreichen Beiträge zu jedem Kapitel und ganz besonders für die Ermunterung zu diesem Projekt und seine stete Unterstützung, die er mir bereits mein ganzes Leben über gezeigt hat.

Ich bin dankbar für die vielen hilfreichen Beiträge und Anregungen von Dr. Sharon Curhan (meiner Schwester und Lieblingskünstlerin), Dr. Gary Curhan, Joshua Curhan, Justin Curhan, Linda Greenblatt Gordon von „Saddle Rock Partners", Michael Gordon, Bryan Binder von „Caxton Associates", Dr. Susan Binder, Allan und Mickey Greenblatt (meinen wundervollen Eltern), Dr. George und Cecile Teebor (den fabelhaften Schwiegereltern), Ezra Merkin von Gabriel Capital, Rod Moskowitz, John Scully, Marc Silbert, David Rabinowitz von „Kirkwood Capital", Larry Balaban, Rabbi Label Lam, Eric Rosenfeld von „Crescendo Partners", Robert Kushel (meinem Broker bei „Smith Barney"), Dan Nir von „Gracie Capital", Brian Gaines von „Springhouse Capital", Bruce Newberg (der mir den Start ermöglicht hat), Matthew Newberg und Rich Pzena von „Pzena Investment Management". Besonderer Dank gilt David Pugh, meinem Lektor bei „John Wiley" und meiner Agentin Sandra Dijkstra für ihre Ermunterungen und ihre begeisterte Unterstützung. Ich danke Andrew Tobias dafür, dass er freundlicherweise das Vorwort geschrieben hat und dass er mein Freund ist.

Außerdem möchte ich meinen beiden ältesten Kindern Matthew und Rebecca Greenblatt danken. Sie waren gelehrige Schüler und Leser (und haben über die meisten Witze gelacht). Meinen drei jüngeren Kindern danke ich für ihre Inspiration. Und allen Kindern danke ich für die Freude, die sie mir jeden Tag bereiten. Ich danke meiner schönen Frau Julie für ihre weisen Ratschläge zu diesem Buch und im Leben, für ihre Liebe, ihre Unterstützung und für jeden wertvollen gemeinsamen Tag.

VORWORT

Das Beste an diesem Buch – von dem ich für die nächste Ausgabe von „The Only Investment Guide You'll Ever Need" gerne einiges abkupfern werde – ist die Tatsache, dass es die meisten Menschen nicht glauben werden. Oder wenn sie es glauben, haben sie nicht die Geduld, die Ratschläge zu befolgen. Das ist gut so, denn je mehr Menschen von einer guten Sache wissen, desto teurer wird diese Sache normalerweise ... und aus ist's mit dem Schnäppchen.

Doch im Gegensatz zu den meisten „Systemen", die dafür ausgelegt sind, Anomalien des Marktes auszunutzen, dürfte Joel Greenblatts einfaches Konzept auch dann noch den größten Teil seines Wertes behalten, wenn es weite Verbreitung findet.

Ich will Ihnen die Überraschung nicht verderben – das Buch ist sowieso schon kurz genug. Meine Aufgabe besteht nur darin, Ihnen den Verfasser vorzustellen, damit Sie wissen, wie weit Sie ihm trauen können.

Ich kenne Joel seit Jahrzehnten. Er ist wirklich schlau, wirklich bescheiden, wirklich gutwillig und – jetzt kommt das Ungewöhnliche – wirklich erfolgreich. (Ich will damit sagen: *so richtig* erfolgreich.)

Und vor allen Dingen beruht sein Erfolg auf geschickten Investitionen (nicht auf dem Verkauf von Büchern).

Außerdem ist er witzig. Ich habe die ersten Kapitel dieses Buches meinem elfjährigen Neffen Timmy vorgelesen und das hat uns beiden Spaß gemacht. Timmy, der meines Wissens kein Anlagevermögen hat, ist eingeschlafen, während ich das Buch bis zum Ende verschlang und im Geiste meine Altersvorsorge umschichtete.

Ich will Ihnen nur so viel sagen: Im Anfang waren die Investmentfonds und es war gut. Aber ihre Gebühren und Verwaltungskosten waren zu hoch. Dann kamen die No-Load-Fonds, die waren schon besser. Sie verlangten keine Verkaufsgebühren mehr, aber die Belastung durch Managementkosten, Steuern und Transaktionskosten, die bei aktivem Management unweigerlich anfallen, blieb bestehen. Dann kamen die „Indexfonds“, die Gebühren, Steuern und Transaktionskosten bis auf das Gerippe wegkürzten. Sehr, sehr gut.

Was Joel Ihnen anbietet, ist ein „Indexfonds Plus“. Das „Plus“ bedeutet, dass Ihr Aktienkorb nur gute Unternehmen enthält, die preiswert verkauft werden. Und er zeigt Ihnen eine einfache Möglichkeit, diese Unternehmen zu finden.

Natürlich kann nicht jeder besser als der Gesamtmarkt sein – schon per definitionem nicht. Ich gehe allerdings davon aus, dass geduldige Menschen, die Joels Rat befolgen, den Gesamtmarkt langfristig übertreffen. Und falls Millionen von Menschen seine Strategie übernehmen sollten (Hallo „Vanguard“: Bitte beeilt euch und bietet einen preiswerten Fonds in diesem Stil an), passieren meines Erachtens zwei Dinge. Erstens wird der Vorsprung dieser Art von Geldanlage kleiner werden, aber nicht verschwinden. Zweitens werden die Aktienbewertungen dadurch immer ein kleines bisschen rationaler, was wiederum unseren Auswahlprozess ein kleines bisschen effizienter macht. Nicht schlecht für so ein schmales Bändchen.

Und jetzt schnappen Sie sich sämtliche Elfjährigen, die Sie auftreiben können, und stürzen Sie sich ins Vergnügen.

Andrew Tobias,
Autor von „The Only Investment Guide You'll Ever Need“

EINFÜHRUNG

Eigentlich entspringt dieses Buch dem Wunsch, jedem meiner fünf Kinder etwas zu schenken. Ich dachte mir, wenn ich ihnen beibringen könnte, wie sie selbst Geld verdienen können, dann würde ich ihnen damit ein großes Geschenk machen – eines, das ihnen immer wieder etwas gibt. Ich dachte mir außerdem, wenn ich das mit dem Geldverdienen so erklären könnte, dass es sogar meine Kinder verstehen (naja, wenigstens die beiden, die schon in der sechsten und achten Klasse sind), dann könnte ich ja im Prinzip jedem erklären, wie man erfolgreich an der Börse investieren kann.

Die Konzepte, die in diesem Buch behandelt werden, mögen simpel erscheinen – für ausgefuchste Anleger vielleicht sogar zu simpel –, aber jeder einzelne Schritt hat seine Berechtigung. Halten Sie sich daran und ich versichere Ihnen, dass Sie reichen Lohn ernten werden, egal ob Sie Anfänger oder fortgeschrittener Investor sind.

Nachdem ich seit über 25 Jahren professionell investiere und nachdem ich seit neun Jahren an einer der besten Business Schools lehre, bin ich von mindestens zwei Dingen überzeugt:

1. Wenn Sie wirklich „den Markt schlagen" wollen, können Ihnen die meisten Profis und Wissenschaftler nicht helfen.

2. Damit bleibt nur eine Alternative: Sie müssen es selbst schaffen.

Zum Glück ist das gar nicht so schlimm. So unwahrscheinlich es auch erscheinen mag, Sie können lernen, den Markt zu übertreffen. Mit diesem Buch lernen Sie Schritt für Schritt, wie das geht. Als Hilfe habe ich eine Zauberformel eingebaut. Die Formel ist einfach und vollkommen logisch und Sie können damit den Markt, die Profis und die Wissenschaftler um Längen übertreffen. Dabei ist das Risiko gering. Die Formel funktioniert schon seit vielen Jahren und sie wird auch noch funktionieren, wenn sie jeder kennt. Sie ist zwar einfach anzuwenden und beansprucht nicht viel Zeit, aber sie funktioniert nur, wenn Sie sich die Mühe machen und vollständig verstehen, warum sie funktioniert.

Nebenbei lernen Sie noch:

- Aus welchem Blickwinkel man die Börse betrachten sollte.
- Warum den meisten privaten und professionellen Anlegern der Erfolg versagt bleibt.
- Wie man *gute* Unternehmen zu *Schnäppchenpreisen* findet.
- Wie man es ganz alleine schafft, den Markt zu übertreffen.

Ich habe einen Anhang für Leser mit besseren mathematischen Kenntnissen angefügt, aber man braucht den Anhang nicht unbedingt zu lesen, wenn man die Methoden verstehen und anwenden will, die im Buch beschrieben werden. Man braucht wirklich keinen MBA[1], um den Markt zu übertreffen. Es kommt

[1] MBA ist die Abkürzung für „Master of Business Administration" und entspricht in etwa dem deutschen Betriebswirtschaftsgrad [Anm. d. Übers.].

nicht darauf an, dass man viele Formeln und Fachbegriffe kennt. Es kommt vielmehr darauf an, dass man die einfachen Konzepte versteht, die in diesem Buch beschrieben werden.

Darum genießen Sie dieses Geschenk bitte. Möge das bisschen Zeit und das bisschen Geld, das Sie in dieses Buch investiert haben, Ihre Zukunft mächtig bereichern. Viel Glück!

KAPITEL EINS

Jason ist in der sechsten Klasse und verdient ein Vermögen. Mein Sohn und ich sehen ihn fast täglich auf dem Weg zur Schule. Jason sitzt im Fonds seiner Limousine mit Chauffeur, von oben bis unten in coolen Klamotten und mit einer dunklen Sonnenbrille. Ach, elf Jahre alt, reich und cool sein! Nun ja, so ist das Leben. Na gut, vielleicht lasse ich mich ein bisschen zur Übertreibung hinreißen. Ich meine, in Wirklichkeit ist es keine Limousine, sondern eher ein Roller. Und das mit den coolen Klamotten und der Sonnenbrille stimmt auch nicht ganz. Eigentlich ist es so, dass sein Bauch über seiner Jeans hängt, dass er keine Sonnenbrille trägt und dass ihm meistens noch das halbe Frühstück im Gesicht klebt. Aber darum geht es auch gar nicht. Jason hat ein Geschäft.

Das Geschäft ist einfach, aber es funktioniert. Jason kauft Kaugummi, jeden Tag vier oder fünf Päckchen. Das Päckchen kostet 25 Cent und in jedem Päckchen sind fünf Kaugummis. Mein Sohn erzählt mir, dass sich Jason in einen Superhelden verwandelt, sobald er die Schule betritt. Kein Regen, kein Hagel und keine bösen Schulaufseher können Jason davon abhalten, seine Kaugummis zu verkaufen. Ich nehme an, seine Kunden kaufen gerne bei einem Superhelden (oder sie kommen aus der Schule einfach nicht weg), denn irgendwie schafft er es, jeden

Kaugummi für 25 Cent zu verkaufen. (Vermutlich – ich habe es selber ja nie erlebt – hält er seinen potenziellen Kunden einen Kaugummi ins Gesicht und sagt immer wieder: „Du willst einen, du willst einen!", bis sein Mitschüler zusammenbricht oder ihm einen Vierteldollar rüberschiebt.)

So wie mein Sohn das erzählt, sind das 25 Cent mal fünf Kaugummis; also nimmt Jason mit jedem verkauften Päckchen 1,25 Dollar ein. Da ein Päckchen 25 Cent kostet, macht er mit jedem Päckchen, das er jemandem andrehen – ich meine verkaufen – kann, einen ganzen Dollar Reingewinn. Bei vier bis fünf Päckchen am Tag ist das viel Geld. Eines Tages fragte ich meinen eigenen Sechstklässler nach einer Begegnung mit Jason: „Was meinst du, wie viel wird dieser Jason wohl bis zum Ende der Highschool verdienen?" Mein Sohn – wir wollen ihn Ben nennen (obwohl er in Wirklichkeit Matt heißt) – begann mit seinem ganzen Grips (und ein paar Fingern) rasend schnelle Berechnungen anzustellen. „Lass mich mal überlegen", sagte er. „Das sind sagen wir mal vier Dollar am Tag, fünf Tage die Woche. Also 20 Dollar die Woche mal 36 Schulwochen, macht im Jahr 720 Dollar. Wenn er noch sechs Jahre auf der Highschool bleibt, macht er bis zum Abschluss noch über 4.000 Dollar!"

Ich wollte die Gelegenheit nicht verstreichen lassen und meinem Sohn etwas beibringen, deshalb fragte ich: „Ben, wenn Jason dir die Hälfte seines Geschäftes anbieten würde, wie viel würdest du dafür bezahlen? Ich meine damit, dass er dir in den restlichen sechs Jahren bis zum Schulabschluss die Hälfte der Gewinne aus dem Kaugummigeschäft gibt, aber das Geld dafür jetzt schon haben will. Wie viel würdest du ihm geben?"

„Naja ...“ – ich sah, wie es in seinem Kopf ratterte und er sah, dass da richtig viel Geld drin war – „vielleicht verkauft Jason ja keine vier bis fünf, sondern nur drei Päckchen am Tag – darauf kann man sich relativ gut verlassen. Also macht er vielleicht drei Dollar am Tag. Also 36 Wochen pro Schuljahr macht 36 mal 15, das sind über 500 Dollar im Jahr. Jason hat noch sechs Jahre vor sich, 6 mal 500 Dollar macht bis zum Schulabschluss 3.000 Dollar.“

„Okay“, erwiderte ich. „Also gibst du Jason für die Hälfte des Gewinns 1.500 Dollar, oder?“ „Aber nicht doch“, antwortete Ben sofort. „Erstens, warum sollte ich ihm 1.500 Dollar geben, damit ich 1.500 Dollar zurückbekomme? Das macht ja überhaupt keinen Sinn. Außerdem dauert es sechs Jahre, bis ich die 1.500 Dollar von Jason wiederhabe. Warum sollte ich ihm 1.500 Dollar geben, die ich in sechs Jahren wiederbekomme? Außerdem läuft sein Geschäft vielleicht besser und ich bekomme mehr als die 1.500 Dollar, aber es könnte ja auch schlechter laufen!“ „Ja“, fiel ich ein, „vielleicht fangen noch andere Kinder an, in der Schule Kaugummi zu verkaufen, und die Konkurrenz wird so groß, dass Jason nicht mehr so viel verkaufen kann.“ „Nö, Jason ist eigentlich so was wie ein Superheld“, fand Ben. „Ich glaube nicht, dass jemand so gut verkauft wie Jason, da habe ich also keine großen Bedenken.“

„Ich verstehe, was du meinst“, antwortete ich. „Jason hat ein gut gehendes Geschäft, aber 1.500 Dollar sind für die Hälfte davon zu viel. Aber was wäre, wenn dir Jason die Hälfte seines Geschäfts für einen Dollar anbieten würde? Würdest du sie dann kaufen?“ „Natürlich“, kam es wie aus der Pistole geschossen und es klang eigentlich mehr wie „Bist du aber blöd, Papa.“

„Also gut", machte ich weiter und überhörte den frechen Ton vorläufig. „Der richtige Preis liegt irgenwo zwischen einem und 1.500 Dollar. Damit kommen wir der Sache schon näher, aber wie viel würdest du denn wirklich bezahlen?" „450 Steine. So viel würde ich jetzt bezahlen. Wenn ich dadurch in den nächsten sechs Jahren 1.500 Dollar bekomme, ist das, glaub' ich, ein gutes Geschäft", erklärte Ben und war mit seinem Entschluss sichtlich zufrieden. „Großartig", lobte ich. „Jetzt hast du endlich verstanden, womit ich mein Geld verdiene."

„Papa, was redest du da eigentlich? Jetzt bin ich völlig durcheinander. Ich hab bei dir noch nie einen einzigen Kaugummi gesehen." „Nein, ich verkaufe ja auch keine Kaugummis. Ich verbringe meine Zeit damit auszurechnen, was Geschäfte wert sind, genauso wie wir es gerade mit Jasons Geschäft gemacht haben. Wenn ich ein Geschäft weit unter dem Wert bekomme, den es meiner Meinung nach hat, kaufe ich es." „Moment mal", sprudelte Ben hervor. „Gibt's das? Wenn ein Geschäft 1.000 Dollar wert ist, warum sollte es dir dann jemand für 500 Dollar verkaufen?"

Nun, die Frage die Ben da gestellt hatte, muss sich natürlich stellen und es ergab sich, dass dies die magische Frage war, mit der das Projekt zu diesem Buch begann. Ich sagte Ben, dass er da eine hervorragende Frage gestellt habe und dass es einen Ort gebe, an dem andauernd Unternehmen zum halben Preis verkauft werden. Ich sagte ihm, dass ich ihm zeigen könnte, wie er selbst solche Schnäppchen finden und kaufen könnte. Aber natürlich sagte ich ihm auch, dass die Sache einen Haken hat.

Der Haken ist nicht, dass das alles unglaublich kompliziert wäre. Das ist es nämlich nicht. Der Haken ist nicht, dass man eine Art Genie oder Superspion sein müsste, um 1.000-Dollar-Scheine zu finden, die für 500 Dollar verkauft werden. Braucht man nämlich nicht. Ich habe mich nicht nur entschlossen, dieses Buch zu schreiben, damit Ben und seine Geschwister verstehen, womit ich unseren Lebensunterhalt verdiene, sondern auch, damit sie lernen, wie sie selbst Anlageschnäppchen finden können. Ich gehe davon aus, dass sie unabhängig von den Berufen, die sie einmal ergreifen werden (auch wenn sie nichts mit Vermögensverwaltung zu tun haben, ich dränge sie nicht in diese Richtung), auf jeden Fall lernen müssen, einen Teil ihres Einkommens anzulegen.

Aber wie ich schon zu Ben gesagt habe, einen Haken gibt es tatsächlich. Der Haken ist, dass man sich dafür eine lange Geschichte anhören muss, dass man sich die Zeit nehmen muss, die Geschichte zu begreifen, und dass man vor allen Dingen an die Wahrheit der Geschichte glauben muss. Und tatsächlich endet die Geschichte mit einer Zauberformel, die einen mit der Zeit reich macht. Das soll kein Witz sein. Leider ist es so, dass einen die Zauberformel nicht reich macht, wenn man nicht daran glaubt. Aber wenn Sie die Geschichte glauben, dann erzähle ich Ihnen – aber nur wenn Sie sie wirklich glauben –, dass Sie wählen können, ob Sie mit der Zauberformel Geld verdienen wollen oder ohne sie. (Wenn man die Zauberformel benutzt, braucht man wesentlich weniger Zeit und Mühe, als wenn man die Arbeit selber macht, und die meisten Menschen erzielen damit bessere Ergebnisse. Aber wenn Sie das Buch gelesen haben, können Sie sich immer noch überlegen, welchen Weg Sie gehen möchten.)

Ja, ich weiß, was Sie jetzt denken. Was soll das mit Glauben zu tun haben? Geht es hier um eine neue Religion, um Peter

Pan oder den Zauberer von Oz? (Die Hexe in der Kristallkugel, die mir immer noch eine Höllenangst einjagt, werde ich genauso wenig erwähnen wie die fliegenden Affen, denn das eine hat mit meiner Geschichte genauso wenig zu tun wie das andere.) Und was soll das mit dem Reichwerden? Kann man wirklich aus einem Buch lernen, wie man reich wird? Das ergibt doch keinen Sinn! Wenn das ginge, wären alle reich und das gilt ganz besonders für ein Buch, das angeblich eine Zauberformel enthält. Wenn alle die Zauberformel kennen, aber nicht alle reich sein können, kann die Formel ja nicht lange funktionieren.

Aber ich habe Ihnen ja schon gesagt, dass es eine lange Geschichte ist. Ich fange ganz am Anfang an. Für meine Kinder und die meisten anderen Leser wird das fast alles neu sein. Die meisten Erwachsenen – auch wenn sie meinen, sie wüssten schon viel über Investment, auch wenn sie ein Wirtschaftsstudium absolviert haben und sogar wenn sie das Geld anderer Leute professionell verwalten – haben etwas Falsches gelernt. Und zwar haben sie von Anfang an alles falsch gelernt. Nur sehr wenige Menschen glauben die Geschichte, die ich gleich erzählen werde. Ich weiß das, denn wenn sie sie glauben würden – wenn sie sie wirklich und wahrhaftig glauben würden –, gäbe es auf der Welt viel mehr erfolgreiche Anleger. Dem ist aber nicht so. Ich glaube, ich kann Ihnen (und allen meinen Kindern) beibringen, wie man ein erfolgreicher Anleger wird. Fangen wir also an!

KAPITEL ZWEI

Eigentlich ist ja allein schon der Anfang eine große Sache. Man muss sehr viel Disziplin aufbringen, um überhaupt Geld zu sparen. Ganz egal, wie viel Geld man verdient oder von anderen bekommt, es ist immer viel einfacher und befriedigt einen viel schneller, es sofort für irgendetwas auszugeben. Als ich noch jung war, beschloss ich, dass „Johnson Smith" mein ganzes Geld bekommen sollte. Natürlich würde ich Ihnen gerne erzählen, „Johnson Smith" sei ein hilfsbedürftiger Waisenknabe gewesen. Ich würde Ihnen liebend gern mitteilen können, das Geld, das „Johnson Smith" bekam, hätte sein Leben verändert. Das würde ich Ihnen sehr gerne erzählen, aber das entspräche nicht ganz der Wahrheit, denn in Wirklichkeit war „Johnson Smith" ein Unternehmen. Und zwar nicht irgendein Unternehmen, sondern eines, das Furzkissen, Juckpulver und künstliche Hundehaufen per Post versandte.

Das heißt nicht, dass ich mein ganzes Geld verschwendete. Ich kaufte auch Lernspielzeug. Einmal verkauften mir die Leute von „Johnson Smith" einen Wetterballon mit drei Metern Durchmesser und neun Metern Umfang. Ich weiß nicht genau, was ein großer Luftballon mit dem Wetter zu tun hat, aber irgendwie klang das lehrreich. Als mein Bruder und ich es endlich geschafft hatten, den Ballon irgendwie mit dem umgekehrten

Staubsauger aufzublasen, standen wir vor einem ziemlich großen Problem: Der Drei-Meter-Ballon war ein gutes Stück größer als unsere Haustür. Mithilfe einer komplizierten Formel, die nicht einmal Einstein ganz begriffen hätte, kamen wir zu dem Schluss, dass wir uns nur mit dem Rücken gegen den Ballon zu lehnen und mit aller Kraft dagegenzudrücken bräuchten; so könnten wir ihn nach draußen quetschen, ohne dass der Ballon platzte oder wir die Tür beschädigten (unsere Mutter war sowieso noch nicht zu Hause). Und es funktionierte, wobei wir aber eines nicht berücksichtigt hatten.

Offensichtlich war die Luft draußen kälter als die Luft im Haus. Wir hatten also den Ballon mit warmer Luft gefüllt. Wie jeder außer meinem Bruder und mir weiß, steigt warme Luft auf, und daher entschwebte uns der Ballon. Wir rannten eine halbe Meile weit dem riesigen Ballon hinterher, bis er schließlich an einem Baum zerplatzte.

Glücklicherweise habe ich aus dieser Erfahrung etwas gelernt. Ich weiß zwar nicht mehr so genau, was das war, aber ich bin ganz sicher, es hatte etwas damit zu tun, wie wichtig es ist, Geld für Dinge zu sparen, die man irgendwann später einmal will oder braucht – anstatt es für den Kauf riesiger Wetterballons zu vergeuden, die man drei bis vier Minuten lang die Straße hinunterjagt und das war's.

Gehen wir sinnvollerweise einfach davon aus, dass wir alle der Meinung sind, es sei wichtig, Geld für die Zukunft zu sparen. Gehen wir weiterhin davon aus, dass Sie den vielen Versuchungen der Leute von „Johnson Smith“ und tausender anderer Firmen erfolgreich widerstanden haben, die es auf Ihr Geld abgesehen hatten; dass Sie (oder Ihre Eltern) alle notwendigen Dinge des Lebens beschaffen konnten, einschließlich Essen, Kleidung und einem Dach über dem Kopf; und dass es Ihnen dank Ihrer Vorsicht beim Geldausgeben irgendwie gelungen ist, wenigstens einen kleinen Geldbetrag auf die Seite zu legen. Ihre Aufgabe ist es nun, dieses Geld – sagen wir 1.000 Dollar – irgendwo anzulegen, wo es gedeiht und zu mehr Geld wird.

Das klingt ja einfach. Natürlich könnten Sie es einfach unter die Matratze stopfen oder ins Sparschwein werfen, aber selbst wenn Sie erst nach vielen Jahren wieder nachsehen, finden Sie dort nicht mehr vor als die 1.000 Dollar, die Sie dort hingelegt haben. Und wenn die Preise der Dinge, die Sie mit diesem Geld kaufen wollen, in der Zwischenzeit, in der es einfach herumlag, gestiegen sind (und Sie mit den 1.000 Dollar weniger kaufen können als vorher), dann ist Ihr Geld in Wirklichkeit sogar weniger wert als an dem Tag, an dem Sie es auf die Seite gelegt haben. Kurz gesagt: Der Matratzenplan stinkt.

Plan B sollte eigentlich besser sein und ist es auch tatsächlich. Tragen Sie Ihre 1.000 Dollar einfach auf die Bank. Die Bank bewahrt das Geld nicht nur gerne für Sie auf, sondern sie bezahlt Ihnen sogar noch etwas für dieses Privileg. Sie kassieren jedes Jahr Zinsen und meistens bekommen Sie umso mehr Zinsen, je länger Sie der Bank das Geld anvertrauen. Wenn Sie sich bereit erklären, der Bank die 1.000 Dollar für fünf Jahre zur Verwahrung zu geben, bekommen Sie vielleicht so um die fünf Prozent Zinsen pro Jahr. Im ersten Jahr bekommen Sie auf Ihre Spareinlage von 1.000 Dollar also 50 Dollar Zinsen, so dass Sie am Anfang des zweiten Jahres 1.050 Dollar auf der Bank haben. Im zweiten Jahr bekommen Sie fünf Prozent Zinsen auf die inzwischen höhere Summe von 1.050 Dollar, also insgesamt 52,50

Dollar – und so weiter bis zum fünften Jahr. Nach fünf Jahren sind aus den 1.000 Dollar schon 1.276 Dollar geworden. Das ist nicht schlecht, jedenfalls besser als der Matratzenplan.

Damit kommen wir zu Plan C. Er heißt auch: „Wer braucht die Bank?" Man kann ganz einfach hingehen, die Bank vollkommen umgehen und sein Geld direkt an Unternehmen oder Personen verleihen. Unternehmen leihen sich häufig unmittelbar Geld, indem sie Anleihen verkaufen. Der Bäcker um die Ecke tut das normalerweise zwar nicht, aber größere Unternehmen (mehrere Millionen Dollar) machen das ständig, zum Beispiel „McDonald's". Wenn man einem Großunternehmen eine Anleihe für 1.000 Dollar abkauft, dann verspricht einem das Unternehmen beispielsweise, jedes Jahr acht Prozent Zinsen auf diesen Betrag zu zahlen und den Anfangsbetrag von 1.000 Dollar nach zehn Jahren zurückzubezahlen. Das ist eindeutig besser als die mageren fünf Prozent, die Sie von der Bank bekommen.

Ein kleines Problem gibt es dabei allerdings: Wenn man einem Unternehmen eine Anleihe abkauft und mit den Geschäften des Unternehmens läuft etwas schief, dann bekommt man eventuell weder Zinsen noch sein Geld zurück. Aus diesem Grund müssen riskantere Unternehmen – zum Beispiel „Bob's House of Flapjacks and Pickles" – normalerweise höhere Zinsen bezahlen als solide, etablierte Unternehmen. Aus dem gleichen Grund müssen Unternehmen generell mehr Zinsen bezahlen als die Banken. Die Menschen müssen für die Anleihe mehr Geld bekommen, um die Gefahr zu kompensieren, dass sie weder Zinsen noch ihr Geld zurückbekommen.

Wenn Sie überhaupt nicht Gefahr laufen wollen, Ihre 1.000 Dollar zu verlieren, dann können Sie natürlich auch dem amerikanischen Staat Anleihen abkaufen. Auf dieser Welt gibt es zwar nichts ohne Risiko, aber weniger Risiko als bei der US-Regierung finden wir wohl nirgends. Wenn man dem amerikanischen Staat sein Geld für zehn Jahre leiht, dann ist dieser bereit, so um die sechs Prozent Zinsen pro Jahr dafür zu bezahlen (wenn man sein Geld für kürzere Zeiträume hergibt – beispielsweise für fünf Jahre –, bekommt man dafür weniger, vielleicht vier oder fünf Prozent).

Für unsere Zwecke nehmen wir am besten US-Staatsanleihen, die nach zehn Jahren fällig sind – nach zehn Jahren wird der ursprüngliche Kredit zurückgezahlt. Wir nehmen diese Anleihen, weil zehn Jahre eine lange Zeit sind. Wir wollen den Lohn einer sicheren Anlage wie US-Staatsanleihen mit dem Lohn unserer anderen langfristigen Anlagen vergleichen. Wenn der Jahreszins auf zehnjährige US-Staatsanleihen sechs Prozent beträgt, dann heißt das im Grunde, dass jeder, der sein Geld zehn Jahre lang verleihen will, aber nicht das Risiko eingehen möchte, seine anfängliche Investition zu verlieren beziehungsweise keine Zinsen zu bekommen, auf jeden Fall sechs Prozent Zinsen auf sein Geld erwarten darf. Anders gesagt: Der „risikolose" Zinssatz für Geld, das auf zehn Jahre festgelegt ist, beträgt sechs Prozent pro Jahr.

Es ist wichtig, dass Sie das wirklich begreifen. Das bedeutet nämlich, dass sich jeder, der ein langfristiges Darlehen von Ihnen verlangt, oder der möchte, dass Sie bei ihm langfristig investieren, auf mehr als sechs Prozent Zinsen gefasst machen sollte. Warum? Weil Sie sechs Prozent Zinsen auch ohne jedes Risiko bekommen könnten. Dafür brauchen Sie nur dem amerikanischen Staat Geld zu leihen; er garantiert Ihnen, dass Sie

Jahr für Jahr sechs Prozent Zinsen und nach zehn Jahren Ihr ganzes Geld zurückbekommen.

Wenn Jason für einen Anteil an seinem Kaugummigeschäft Geld haben will, dann sollte Ihnen das mehr als sechs Prozent im Jahr einbringen, andernfalls sollten Sie sich auf keinen Fall darauf einlassen! Wenn sich Jason längerfristig Geld leihen möchte, gleiches Spiel. Eigentlich muss er deutlich mehr als sechs Prozent bezahlen, denn schließlich bekommen Sie die sechs Prozent beim amerikanischen Staat völlig risikofrei.

Das Wichtigste auf einen Blick:

1. Sie können Ihr Geld unter die Matratze stopfen (aber das stinkt sozusagen).

2. Sie können Ihr Geld auf die Bank tragen oder beim amerikanischen Staat Anleihen kaufen. Dann bekommen Sie einen festgeschriebenen Zins und Ihr Geld zurück – ohne Risiko.[1]

3. Sie können Anleihen von Unternehmen oder sonstigen Körperschaften kaufen. Der versprochene Zinssatz ist in diesem Fall höher als bei der Bank oder beim Staat – aber schließlich könnten Sie in diesem Fall Ihr Geld ganz oder teilweise verlieren. Deshalb sollten Sie sich das Risiko bezahlen lassen.

4. Sie können mit Ihrem Geld etwas anderes machen (dazu kommen wir im nächsten Kapitel).

[1] Bankeinlagen bis zu einer Summe von 100.000 Dollar sind durch eine US-Bundesbehörde versichert. Wenn man seine Anfangsinvestition garantiert nicht verlieren will, muss man die Einlage beziehungsweise Anleihe bis zum Fälligkeitsdatum (zum Beispiel fünf oder zehn Jahre lang, je nach Bedingungen oder Papier) halten.

Und, beinahe hätte ich es vergessen:
5. Warme Luft steigt nach oben.

Sehen Sie, am Ende habe ich durch den Ballon doch noch etwas gelernt. Danke, „Johnson Smith"!

Ich mache es Ihnen sogar noch leichter. Während ich dies schreibe, stehen die Zinsen auf zehnjährige Staatsanleihen deutlich unter sechs Prozent. Aber auch wenn die langfristigen Staatsanleihen weniger als sechs Prozent abwerfen, gehen wir von einem Zinssatz von sechs Prozent aus. Das heißt, unsere Anlagealternativen müssen auf jeden Fall mehr als sechs Prozent Ertrag liefern, egal wie die Zinsen auf US-Staatsanleihen gerade stehen. Im Grunde geht es ja darum, dass wir mit unseren Anlagen viel mehr verdienen wollen als mit völlig risikofreien Anlagen. Wenn die langfristigen US-Staatsanleihen mehr als sieben Prozent Rendite bringen würden, müssten wir mindestens sieben Prozent nehmen. So, das war's jetzt aber wirklich.

KAPITEL DREI

Okay, was könnte man mit seinem Geld sonst noch machen? Seien wir einmal ehrlich: Das Geld auf die Bank zu legen oder dem Staat zu leihen, ist doch echt langweilig, oder? Ha, ich hab's! Warum gehen wir nicht zur Rennbahn und setzen alles auf ein Pferd? Aber nicht doch, ich habe das tatsächlich schon ausprobiert – hat nicht so gut geklappt. Ich habe es sogar schon mit Hunderennen versucht. Da jagt eine Meute Windhunde immer im Kreis herum einem künstlichen Hasen hinterher. Das ist sehr lustig und man trifft wirklich tolle Leute. Manche haben sogar tatsächlich noch Zähne!

Aber wissen Sie was? Wenn ich nochmal darüber nachdenke, ist diese Idee doch nicht so gut. Ich habe gemerkt, dass das nichts für mich ist, als „mein" Hund einmal tatsächlich den Hasen fing. Der Arme wurde in der ersten Runde von den anderen Hunden niedergetrampelt, stand auf und rannte in die falsche Richtung. Unglücklicherweise wird der Hase mit einer Geschwindigkeit von fast 100 Stundenkilometern über die Bahn gezogen und als der Hund, auf den ich meinen Glauben und mein Geld gesetzt hatte, auf den Hasen zusprang, der auf ihn zuraste – sagen wir mal, es war kein schöner Anblick. (Na gut, falls Sie sich ernstlich Sorgen machen: Der Hund knallte mit voller Wucht auf den 100 Sachen schnellen Hasen, er flog zehn

Meter hoch in die Luft und wurde tragischerweise disqualifiziert, womit ich leider meinen gesamten Einsatz verlor.)[1]

Jetzt haben wir zwar schon alle logischen Alternativen für Ihr Geld angesprochen (auch wenn an Orten, die ich noch nicht gefunden habe, mit Sicherheit Würmer oder Krustentiere um die Wette laufen), aber betrachten wir trotzdem noch eine andere. Warum nicht wirklich in ein Geschäft investieren? Schließlich muss ja auch Jason irgendwann erwachsen werden. Vielleicht macht er dann einen Kaugummiladen auf. Oder er macht gleich einen ganzen Haufen Kaugummiläden auf (was man üblicherweise als Ladenkette bezeichnet), vielleicht unter einem griffigen Namen wie „Jason's Gum Shops".

Nehmen wir einmal an, Jason persönlich schult alle Verkäufer in seiner einzigartigen Verkaufsmethode und die Kette wird ein wahnsinniger Erfolg (wäre durchaus möglich). Irgendwann kommt Jason auf Sie zu und will die Hälfte seines Unternehmens verkaufen (er will sich eine neue Sonnenbrille kaufen, eine echte Limousine und vielleicht ein Haus für sich und die glückliche Frau Jason). Diesmal will er allerdings richtig viel Geld haben und wir müssen ernsthafte Berechnungen anstellen, bevor wir entscheiden, ob wir Jasons Angebot annehmen sollen.

Es stellt sich heraus, dass Jason ein bisschen gewachsen ist, seit er mit dem Roller durch die Stadt fuhr. Inzwischen will er für die Hälfte seines Unternehmens satte sechs Millionen Dollar haben. Natürlich kann sich sechs Millionen kaum jemand leisten, aber zum Glück will Jason die Hälfte seines Geschäfts nicht unbedingt an eine einzelne Person verkaufen. Vielmehr hat er beschlossen, den Besitz seines Unternehmens in eine

[1] Ach ja, der Hund blieb unverletzt.

Million gleich große Anteile oder Aktien (wie man das an der Börse nennt) aufzuteilen. Jason hat vor, 500.000 Anteilscheine selbst zu behalten und die restlichen 500.000 für zwölf Dollar pro Stück zu verkaufen, also insgesamt für sechs Millionen Dollar. Jeder, der daran interessiert ist, zu diesem Preis einen Teil von Jasons Unternehmen zu erwerben, kann eine Aktie (für zwölf Dollar), 100 Aktien (für 1.200 Dollar), 1.000 Aktien (für 12.000 Dollar) oder so viele Aktien kaufen, wie er will.

Wenn Sie beispielsweise 10.000 Aktien für insgesamt 120.000 Dollar kaufen würden, dann würde Ihnen ein Prozent von „Jason's Gum Shops" gehören (10.000 Aktien geteilt durch die Gesamtzahl von 1.000.000 Aktien). Ein Prozent Anteil bedeutet aber nicht, dass Ihnen die Abteilung Spearmint-Kaugummis oder ein kleiner Teil eines Ladengeschäfts gehört. Die 10.000 Aktien beziehungsweise der einprozentige Anteil an „Jason's Gum Shops" bedeutet vielmehr, dass Sie Anspruch auf ein Prozent des gesamten Gewinns haben, den „Jason's Gum Shops" in Zukunft erzielt. Im Prinzip bräuchten Sie also nur auszurechnen, ob es sich lohnt, für ein Prozent von Jasons künftigen Kaugummigewinnen 120.000 Dollar zu bezahlen. (An diesem Punkt dürfen wir mit unserer Analyse nicht ins Schleudern geraten. Wir brauchen gute Gummisohlen, damit wir keinen Mist bauen und unser Geld wie ein Kaugummi ausgespuckt wird ... Auf jeden Fall haben Sie das Prinzip verstanden.)

Zum Glück stellt uns Jason eine Menge Informationen zur Verfügung. Da wir schon wissen, dass Jason für jede Aktie von „Jason's Gum Shops" zwölf Dollar haben will und dass es insgesamt eine Million Aktien gibt (man spricht von einer Million umlaufenden Aktien), wissen wir auch, dass das Geschäft nach Jasons Meinung zwölf Millionen Dollar wert ist (genau deshalb meint er ja, ein Prozent seines Unternehmens sei die 120.000 Dollar wert, von denen gerade die Rede ist). Das ist ja alles gut und schön, aber schließlich kommt es ja darauf an, was das Unternehmen unserer Meinung nach wert ist. Werfen wir also einen Blick auf die sonstigen Informationen, die uns Jason gegeben hat.

Offenbar hat Jason im letzten Jahr in den zehn Läden der höchst erfolgreichen Kette „Jason's Gum Shops" für zehn Millionen Dollar Kaugummis verkauft. Natürlich hat Jason für die Kaugummis tatsächlich zehn Millionen Dollar bekommen, aber leider ist das nicht der Gewinn, den er erzielt hat. Nebenbei hatten die Geschäfte ja auch ein paar Ausgaben. Da ist zunächst einmal das Geld, das Jason selbst für die Kaugummis bezahlt hat – das waren sechs Millionen Dollar. Bleiben ihm vier Millionen Dollar Gewinn – aber Moment, das ist noch lange nicht alles.

Da ist zum Beispiel noch die Miete, die Jason für seine zehn Geschäfte bezahlt hat. Dazu kommen noch diese verflixten Angestellten, die aus irgendwelchen Gründen dafür bezahlt werden wollen, dass sie Kaugummis verkaufen, den Laden sauber halten und für einen sauberen Betriebsablauf sorgen. Außerdem fallen Kosten für Strom, Heizung und Müllbeseitigung an, für Buchhaltung und sonstige Verwaltungskosten (damit Jason den Überblick über das ganze Geld und die ganzen Kaugummis behält, die im Umlauf sind) – das summiert sich, in diesem Fall auf zwei Millionen, um genau zu sein. Damit schmilzt der Gewinn von Jasons Geschäft auf zwei Millionen Dollar zusammen. Und wie Sie sich wohl denken können, sind wir damit immer noch nicht fertig.

Jasons Unternehmen musste Steuern bezahlen. Der Staat braucht Geld, damit er seinen Bürgern gewisse Dienstleistungen zur Verfügung stellen kann, und jedes Unternehmen, das Gewinn erwirtschaftet, muss seinen Beitrag zu den Steuern leisten. Im Falle von „Jason's Gum Shops" belief sich die Steuer ungefähr auf 40 Prozent des Überschusses (dieser Satz gilt tatsächlich für viele Unternehmen). Also gingen 40 Prozent von den zwei Millionen, die Jasons Kaugummigeschäft im vergangenen Jahr gebracht hat, in Form von Steuern an den Staat. Da 40 Prozent von zwei Millionen Dollar 800.000 Dollar sind, blieb „Jason's

Tabelle 3.1
Ertragsrechnung von „Jason's Gum Shops"
für die letzten 12 Monate in Dollar

Gesamtumsatz	10.000.000
Kosten für Warenlieferung (Kaugummi)	-6.000.000
Rohertrag	= 4.000.000
Vertriebs-, Gemein- und Verwaltungskosten	-2.000.000
Gewinn vor Steuern	= 2.000.000
Steuern (40%)	-800.000
Reingewinn	= 1.200.000

Gum Shops“ ein Nettogewinn oder Reingewinn von 1,2 Millionen Dollar. Jason hat uns diese ganzen Informationen in Form einer übersichtlichen Tabelle zur Verfügung gestellt, die man als Gewinn-Verlust-Rechnung oder Ertragsrechnung bezeichnet (siehe Tabelle 3.1).

Jetzt haben wir's. „Jason's Gum Shops“ hat im letzten Jahr 1,2 Millionen Dollar verdient. Jason meint, dass das Unternehmen deshalb zwölf Millionen Dollar wert ist. Er will uns beliebige Anteile von bis zu 50 Prozent des Unternehmens zum Unternehmenswert von zwölf Millionen Dollar verkaufen (also sechs Millionen für die Hälfte, 1,2 Millionen für einen zehnprozentigen Anteil, 120.000 Dollar für ein Prozent des Unternehmens und eine Aktie, die ein Millionstel des Unternehmens darstellt, für mickrige zwölf Dollar). Sollten wir das machen? Sehen wir doch einfach einmal nach, was wir für jede Aktie zu zwölf Dollar bekommen.

Also, Jason hat sein Geschäft in eine Million gleiche Anteile aufgeteilt. Das heißt, wenn das ganze Unternehmen 1.200.000 Dollar Gewinn erwirtschaftet, erzielt jede Aktie ein Millionstel dieses Betrages. Da 1.200.000 Dollar geteilt durch eine Million 1,20 Dollar ergibt, berechtigt jede Aktie à zwölf Dollar zu Gewinnen von je 1,20 Dollar. Ob das ein gutes Geschäft ist? Betrachten wir das doch einmal so: Wenn wir zwölf Dollar in ein Stückchen von Jasons Geschäft investieren und damit im ersten Jahr 1,20 Dollar verdienen, beläuft sich der Ertrag unserer Anlage im ersten Jahr auf

$$\frac{1{,}20 \text{ US-Dollar}}{12 \text{ US-Dollar}} = 10\ \%$$

Zehn Prozent Ertrag im ersten Jahr! Verdammt gut, oder? In Kapitel zwei haben wir besprochen, dass wir mindestens die sechs Prozent überbieten müssten, die uns eine zehnjährige US-Staatsanleihe liefert. Der Kauf solcher Anleihen würde uns nämlich ohne jedes Risiko eine Rendite von sechs Prozent bringen. Da zehn Prozent eindeutig mehr als sechs Prozent sind, heißt das automatisch, dass es ein gutes Geschäft ist, für eine Aktie, die 1,20 Dollar bringt, zwölf Dollar zu bezahlen?

Ganz so einfach ist das Leben nun doch nicht (aber fast, wie wir im letzten Kapitel sehen werden). Die vorläufige Bilanz: Für den Anfang sieht das schon einmal sehr gut aus, aber bevor wir uns entscheiden, müssen wir noch ein paar Dinge berücksichtigen.

Zunächst einmal hat „Jason's Gum Shops" den Gewinn von 1,20 Dollar nur im vergangenen Jahr erzielt. Wir müssen also feststellen, ob das Unternehmen auch im laufenden Jahr 1,20 Dollar bringt oder mehr – oder vielleicht weniger. Der Gewinn vom Vorjahr kann eine gute Basis für die Schätzung des nächsten Jahresgewinns sein oder auch nicht. Wenn „Jason's Gum Shops" im nächsten Jahr nicht 1,20 Dollar verdient, bringt das Unternehmen nicht die erwarteten zehn Prozent, die wir für die zwölf Dollar erwarten, die wir bezahlt haben. Es könnte mehr bringen, aber es könnte auch weniger bringen.

Zweitens müssen wir bei unserer Schätzung des Gewinns, den Jasons Unternehmen im nächsten Jahr erzielt, auch noch festlegen, wie sehr wir auf unsere Voraussage vertrauen. Wenn wir einfach ins Blaue hinein raten, weil wir keine Ahnung haben, ob der Kaugummiverkauf über die Jahre relativ kontinuierlich läuft, ob Jasons Kaugummiläden nur eine vorübergehende Modeerscheinung sind oder ob die Konkurrenz durch neue Süßwarengeschäfte Jasons Gewinn schmälern wird, dann ist unsere Schätzung zweifelhaft. Aber natürlich müssen wir auch realistisch bleiben. Wenn wir nicht sicher sind, ob der Gewinn 1,50 oder 2,00 Dollar betragen wird – dieses Maß an Unsicherheit ist in Ordnung. Beide Beträge bedeuten, dass Jasons Unternehmen mehr bringt als zehn Prozent der anfänglichen Kosten von zwölf Dollar pro Aktie. Wenn wir dagegen nicht sicher sind, ob der Gewinn 20 Cent oder 1,20 Dollar pro Aktie betragen wird, sehen die sicheren sechs Prozent aus den Staatsanleihen im Vergleich schon sehr viel besser aus.

Die dritte Kleinigkeit, die wir noch nicht bedacht haben, ist die Tatsache, dass auch das nächste Jahr nur ein Jahr von vielen ist. Selbst wenn „Jason's Gum Shops" im kommenden Jahr 1,20 Dollar Gewinn erzielt (oder viel mehr oder viel weniger), was ist dann mit all den Jahren danach? Wird der Gewinn weiterhin jedes Jahr wachsen? Vielleicht verkauft jeder Laden weiterhin jedes Jahr mehr Kaugummis und dadurch steigt der Gewinn. Oder wenn zehn Läden 1,20 Dollar pro Aktie bringen, vielleicht lassen dann 20 Läden den Gewinn innerhalb weniger Jahre auf 2,40 Dollar pro Aktie anwachsen? Selbstverständlich könnte das Kaugummigeschäft auch irgendwann in den nächsten Jahren abflauen, so dass der Gewinn pro Aktie längere Zeit weit unter 1,20 Dollar herumdümpelt. Und es gibt noch mehr Möglichkeiten ...

Okay, ich merke schon, dass Sie in Panik geraten. Das ist einfach zu kompliziert. Wie soll man das alles herausfinden? Kann das überhaupt irgendjemand? Und selbst wenn Sie Ihr Bestes geben, erwarte ich von Ihnen (und von meinen Kindern) denn wirklich, dass Sie ein derartiges Glücksspiel wagen und richtiges Geld auf einen Haufen geratene und geschätzte Zahlen setzen? Und außerdem, gibt es denn nicht massenhaft studierte und promovierte Wirtschaftswissenschaftler, schlaue Finanzmenschen und professionelle Investment-Analysten, ganz zu schweigen von den hauptberuflichen Vermögensverwaltern, die sich um die Berechnung exakt solcher Dinge bemühen? Wie könnten wohl Sie mit diesen fleißigen, klugen und gebildeten Leuten konkurrieren?

Danke, das genügt, beruhigen Sie sich wieder. Pssst, darf ich Sie noch ein Stückchen mitnehmen? Haben Sie ein bisschen Vertrauen. Bleiben Sie hier. Ich mache noch schnell die übliche Zusammenfassung, sage Ihnen, was Sie sich auf jeden Fall merken sollten, und dann machen wir weiter. Mensch, wenn ich Sie bei jeder Kleinigkeit an die Hand nehmen muss ...

Das Wichtigste auf einen Blick:

1. Wenn man Aktien eines Unternehmens kauft, dann kauft man einen Anteil (oder prozentuale Beteiligung) am Unternehmen. Man hat dann Anspruch auf einen Teil der künftigen Gewinne des betreffenden Unternehmens.

2. Wenn man sich ausrechnet, was ein Unternehmen wert ist, muss man unter anderem schätzen (na gut: raten), wie viel Gewinn das Unternehmen in Zukunft erwirtschaftet.

3. Ihr Gewinnanteil, entsprechend Ihrem Anteil am Unternehmen, muss mehr Geld bringen, als Sie bekommen würden, wenn Sie den gleichen Geldbetrag in eine praktisch risikolose zehnjährige US-Staatsanleihe investieren würden. (Sie erinnern sich: Im vorigen Kapitel haben wir sechs Prozent als absolutes Ertragsminimum für den Fall festgelegt, dass die Anleihenzinsen unter sechs Prozent fallen.) Und

4. Nein, ich habe die Zauberformel nicht vergessen. Aber jetzt hört auf, mich ständig damit zu nerven, okay? Schscht!

KAPITEL VIER

Na toll, leicht ist es also nicht, den Wert eines Unternehmens auszurechnen. Nachdem Sie geraten und geschätzt haben, kommen Sie vielleicht auf den richtigen Wert, vielleicht aber auch nicht. Und wenn es doch möglich wäre? Wenn Sie herausfinden könnten, was ein Unternehmen wirklich wert ist? Könnten Sie mit dieser Information etwas anfangen? Gibt es den Ort, den ich im ersten Kapitel versprochen habe, wirklich? Einen Ort, an dem man Unternehmen zum halben Preis kaufen kann? Einen Ort, an dem man für 500 Dollar den Gegenwert von 1.000 Dollar bekommt? Und ob es den gibt! Doch zunächst wollen wir ein paar Minuten in der Business School verbringen.

Ich halte seit neun Jahren an der Columbia Business School, einer Elite-Universität, einen Investmentkurs für Doktoranden in Wirtschaftswissenschaften. Ich brauche wohl nicht zu erwähnen, dass das lauter hochintelligente Studenten sind. Am ersten Tag jedes Jahres bringe ich eine Zeitung mit und schlage den Börsenteil auf. Dort findet man endlos viele Seiten mit einer Menge winzig klein gedruckter Zahlen. (So weit, so gut.) Die Tabellen bestehen aus einer Liste von Unternehmensbezeichnungen, neben denen jeweils eine Reihe von Preisen steht.

„Nennen Sie mir den Namen eines großen, bekannten Unternehmens“, sage ich dann. Die Studenten kommen mit Namen wie „General Electric", „IBM", „General Motors" oder „Abercrombie & Fitch". Im Grunde ist es völlig egal, welche Namen mir die Studenten zurufen. Das, was ich vor allem klar machen will, ist so einfach, dass sich jedes beliebige Unternehmen aus fast jeder beliebigen Branche, groß oder klein, bekannt oder unbekannt, dafür eignet. Das Ergebnis ist immer das gleiche.

Ich sehe in der Zeitung unter „General Electric" nach und lese die Zahlen vor. „Hier steht, dass eine Aktie von ‚General Electric' gestern 35 Dollar gekostet hat. Außerdem steht hier, dass der höchste Preis, für den Aktien von ‚General Electric' im letzten Jahr verkauft wurden, 53 Dollar beträgt. Der niedrigste Preis war im letzten Jahr 29 Dollar. Das Gleiche bei ‚IBM'. Gestern hätten Sie eine Aktie für 85 Dollar kaufen können. Im Laufe des vergangenen Jahres hat die Aktie schon bis zu 93 Dollar, aber auch schon einmal 55 Dollar gekostet. ‚General Motors' kostete gestern 37 Dollar, aber im Laufe des Jahres bewegte sich der Preis zwischen 30 und 68 Dollar. ‚Abercrombie & Fitch' kostete gestern 27 Dollar pro Aktie, aber im Laufe des letzten Jahres schwankte der Preis zwischen 15 und 33 Dollar."

Dann weise ich darauf hin, dass das ziemlich große Preisunterschiede sind und dass der Zeitraum für derart große Veränderungen ziemlich kurz war. Wenn man einen Zeitraum von zwei oder drei Jahren betrachten würde, wären die Schwankungen sogar noch größer.

Und hier nun die Frage, die ich dann immer stelle: Wie kann das sein? Es handelt sich um große, allgemein bekannte Unternehmen. Jedes dieser Unternehmen hat seinen Besitz in Millionen (manchmal Milliarden) gleich große Anteile aufgespalten, genauso wie es Jason mit seinen Kaugummiläden getan hat. Am

Anfang verkauft das Unternehmen selbst die Aktien öffentlich (an Privatleute und große institutionelle Anleger). Danach ist es den Käufern freigestellt, die Aktien an beliebige Interessenten zu verkaufen.

Die Zeitung veröffentlicht jeden Tag die Namen von tausenden Unternehmen und den Preis, den die Menschen jeweils für einen Besitzanteil an den betreffenden Unternehmen bezahlt oder bekommen haben. Der Handel mit diesen Besitzanteilen findet an mehreren bestimmten Orten und über Computernetze statt. Man bezeichnet die Besitzanteile als Anteilscheine oder Aktien und die Gesamtheit der Kauf- und Verkaufsaktivitäten nennt man Aktienmarkt oder Börse.

Unternehmen in der Größenordnung von „IBM" und „General Motors" teilen ihren Besitz unter Umständen in eine Milliarde gleichwertige Aktien auf. Wenn man zu einem bestimmten Zeitpunkt eine Aktie von „General Motors" für 30 Dollar kaufen kann (und wir für unser Beispiel davon ausgehen, dass „General Motors" aus einer Milliarde gleich großen Aktien besteht), dann folgt daraus, dass das gesamte Unternehmen (die ganze Milliarde Aktien) 30 Milliarden Dollar kostet. Wenn aber zu einem anderen Zeitpunkt im gleichen Jahr Aktien von „General Motors" 60 Dollar kosten, bedeutet das, dass der Preis für das gesamte Unternehmen „General Motors" 60 Milliarden Dollar betragen würde.

Deshalb stelle ich die Frage noch einmal: Wie kann das sein? Kann sich der Wert von „General Motors", des größten Autoherstellers in Nordamerika, innerhalb eines Jahres so sehr verändern? Verkauft das Unternehmen doppelt so viele Autos, macht es doppelt so viel Gewinn oder hat sich an seinen Geschäften sonst etwas drastisch geändert, das eine derartige Wertänderung rechtfertigen würde? Das wäre natürlich möglich. Aber was ist dann mit den Preisveränderungen bei „IBM“, „Abercrombie & Fitch“ und „General Electric“? Passiert jedes Jahr etwas, das für die Wertveränderungen der meisten Unternehmen verantwortlich ist?

Vergessen Sie nicht, dass die Ergebnisse jedes Jahr gleich sind. Die Spanne zwischen dem höchsten und dem niedrigsten Preis ist bei so gut wie allen Unternehmen, die meine Studenten nennen, im Laufe eines einzigen Jahres riesengroß. Ergibt das einen Sinn? Um nicht die Zeit der Studenten zu vergeuden (und weil meine Geduld gewöhnlich nur Sekunden währt), platze ich meistens gleich mit der Antwort heraus: Nein! Es ergibt keinen Sinn, dass der Wert der meisten Unternehmen im Verlauf jedes einzelnen Jahres wie wild vom Hoch zum Tief oder vom Tief zum Hoch springt. Dass der Preis der meisten Unternehmen jedes Jahr wild hin- und herschwankt, ist aber eindeutig. Man braucht nur einen Blick in die Zeitung zu werfen, dann sieht man, dass das stimmt.

Nun bitte ich also den Raum voller kluger und gebildeter Studenten zu erklären, warum das so ist. Warum bewegen sich die Preise der Unternehmen jedes Jahr so viel, wo sich doch ihr Wert wohl kaum so stark ändern kann? Das ist durchaus eine gute Frage und normalerweise lasse ich meine Studenten eine gewisse Zeit lang komplizierte Erklärungen und Theorien abliefern.

Tatsächlich ist diese Frage so gut, dass Professoren im Zuge ihrer Erklärungsversuche eigene Felder wirtschaftswissenschaftlicher, mathematischer und sozialwissenschaftlicher Forschungen entwickelt haben. Und was noch unglaublicher ist: Der größte Teil dieser wissenschaftlichen Arbeiten will mithilfe von Theorien erklären, wieso etwas eindeutig Unsinniges in Wahrheit einen Sinn ergibt. Um das zu schaffen, muss man wirklich intelligent sein.

Also: Warum bewegen sich die Aktienkurse so stark, wo doch ganz klar ist, dass sich der Wert der zu Grunde liegenden Unternehmen nicht in diesem Maße ändert? Ich erkläre das meinen Studenten folgendermaßen: Wer weiß? Und wen interessiert das? Vielleicht drehen die Menschen einfach öfter mal durch. Vielleicht ist es schwer, Gewinne vorherzusagen. Vielleicht ist es schwer zu entscheiden, welcher Ertrag für einen bestimmten Kaufpreis angemessen ist. Vielleicht sind die Menschen manchmal etwas bedrückt und wollen nicht so viel bezahlen. Vielleicht sind die Leute manchmal begeistert und bezahlen gern viel Geld. Vielleicht rechtfertigen die Menschen die hohen Preise einfach durch hohe Gewinnschätzungen, wenn sie fröhlich sind, und sie rechtfertigen niedrige Preise durch niedrige Gewinnschätzungen, wenn sie traurig sind.

Aber wie schon gesagt, vielleicht drehen die Menschen einfach öfter mal durch (nach wie vor meine Lieblingserklärung). Die Wahrheit ist, dass ich gar nicht zu wissen brauche, warum die Menschen die Aktien der meisten Unternehmen innerhalb sehr kurzer Zeiträume zu ganz unterschiedlichen Preisen kaufen und verkaufen wollen. Ich brauche nur zu wissen, dass sie es tun! Und was bringt mir das? Denken wir darüber einmal kurz nach.

Nehmen wir an, Sie haben sich ausgerechnet, dass ein Unternehmen (vielleicht so eins wie „Jason's Gum Shops") zehn bis zwölf Dollar pro Aktie wert ist. Die Aktien des Unternehmen kosten zu unterschiedlichen Zeitpunkten im Laufe des Jahres zwischen sechs und elf Dollar. Wenn Sie sich auf Ihre Schätzung des Unternehmenswertes verlassen könnten, wäre es schwer zu entscheiden, ob der Kauf der Aktie bei elf Dollar lohnt. Aber wenn die gleiche Aktie zu einem anderen Zeitpunkt für rund sechs Dollar gehandelt wird, fällt die Entscheidung schon wesentlich leichter. Falls Ihre Schätzungen des Wertes annähernd korrekt wären, würden Sie die Aktien von „Jason's Gum Shops" für 50 bis 60 Cent pro Dollar (für 50 bis 60 Prozent ihres wahren Wertes) kaufen.

Einer der größten Autoren und Denker der Börsenwelt, Benjamin Graham, hat das einmal so erklärt: Stellen Sie sich vor, Sie sind Teilhaber eines Unternehmens und der andere Teilhaber ist ein Verrückter namens Mr. Market. Mr. Market unterliegt unberechenbaren Stimmungsschwankungen. Jeden Tag bietet er an, Ihnen Ihren Teil des Unternehmens zu einem bestimmten Preis abzukaufen oder Ihnen seinen Teil des Unternehmens zu diesem bestimmten Preis zu verkaufen. Mr. Market überlässt die Entscheidung voll und ganz Ihnen und Sie haben jeden Tag drei Möglichkeiten: Sie können Mr. Market Ihre Anteile zum genannten Preis verkaufen, Sie können ihm seine Anteile zum gleichen Preis abkaufen oder Sie können es einfach lassen.

An manchen Tagen ist Mr. Market so guter Dinge, dass er einen Preis nennt, der weit über dem tatsächlichen Wert des Unternehmens liegt. An solchen Tagen wäre es wahrscheinlich sinnvoll, ihm Ihren Anteil am Unternehmen zu verkaufen. An anderen Tagen ist er derart schlecht gelaunt, das er einen sehr niedrigen Preis angibt. An solchen Tagen würden Sie vielleicht Mr. Markets verrücktes Angebot annehmen und seinen Anteil am Unternehmen zu einem extrem niedrigen Preis kaufen. Wenn Mr. Market einen Preis nennt, der im Verhältnis zum Wert des Geschäfts weder extrem hoch noch extrem niedrig ist, tun Sie logischerweise am besten gar nichts.

Genau so funktioniert der Aktienmarkt. Der Markt ist Mr. Market. Wenn „General Motors" laut Zeitung von heute 37 Dollar kostet, haben Sie drei Möglichkeiten: Sie können Aktien von „General Motors" für 37 Dollar kaufen, Sie können Ihre Aktien von „General Motors" für 37 Dollar verkaufen oder Sie tun gar nichts. Wenn Sie meinen, „General Motors" sei eigentlich 70 Dollar pro Aktie wert, dann wären 37 Dollar in Ihren Augen wohl ein lächerlicher Preis und Sie könnten sich zum Kauf einiger Aktien entschließen. Wenn Sie meinen, „General Motors" sei in Wirklichkeit nur 30 bis 35 Dollar pro Aktie wert (und Sie zufällig ein paar Aktien besitzen), beschließen Sie vielleicht, Mr. Market die Aktien für 37 Dollar zu verkaufen. Wenn Sie der Meinung sind, dass jede Aktie von „General Motors" zwischen 40 und 45 Dollar wert ist, beschließen Sie, nichts zu unternehmen. Der Preis von 37 Dollar pro Aktie ist weder niedrig genug, dass Sie kaufen würden, noch ist das Kaufangebot so großzügig, dass Sie zum Verkauf bereit wären.

Kurz gesagt sind Sie niemals gezwungen zu handeln. Sie allein beschließen, etwas zu unternehmen, und zwar nur, wenn der von Mr. Market gebotene Preis sehr niedrig erscheint (so dass Sie sich zum Aktienkauf entschließen könnten) oder wenn er sehr hoch erscheint (so dass Sie Mr. Market eventuell ein paar von Ihren Aktien verkaufen könnten).

Graham bezeichnete diese Vorgehensweise – Aktien nur zu kaufen, wenn sie mit erheblichem Abschlag zum wahren Wert gehandelt werden – als Sicherheitsmargin. Die Differenz zwischen dem geschätzten Wert pro Aktie von beispielsweise 70 Dollar und dem Kaufpreis pro Aktie von beispielsweise 37 Dollar wäre demnach eine Sicherheitsmargin für Ihre Investition. Wenn Ihre ursprünglichen Berechnungen des Wertes eines Unternehmens wie „General Motors" zu hoch sind und die Automobilbranche nach Ihrem Aktienkauf unerwartet in eine Flaute gerät, würde Sie die Sicherheitsmargin Ihres Kaufpreises trotzdem noch vor Verlusten bewahren.

Selbst wenn Sie den angemessenen Wert zunächst auf 70 Dollar geschätzt hätten und sich herausgestellt hätte, dass 60 oder gar 50 Dollar dem tatsächlichen Wert pro Aktie näher kommen, würde ein Kaufpreis von 37 Dollar noch genügend Spielraum für Gewinne lassen! Für Graham lag das Geheimnis sicherer und verlässlicher Anlagegewinne darin, immer das Prinzip der Sicherheitsmargin zu befolgen, wenn man den Kauf von Aktien von einem verrückten Geschäftspartner wie Mr. Market in Betracht zieht. Und tatsächlich haben einige der größten Investoren aller Zeiten diese beiden Konzepte – beim Anlagenkauf eine Sicherheitsmargin zu verlangen und den Aktienmarkt so zu behandeln, als sei er ein Partner wie Mr. Market – mit großem Erfolg angewendet.

Doch halt! Da gibt es immer noch ein Problem – na gut, vielleicht noch ein paar Probleme. Erstens die bereits besprochene Frage, woher man denn wissen soll, was ein Unternehmen wert ist. Wenn man einem Unternehmen keinen angemessenen Wert zuschreiben kann, dann kann man keine Zahl durch die Anzahl der bestehenden Aktien teilen und keinen angemessenen Wert pro Aktie errechnen. Wenn Aktien von „General Motors" an einem bestimmten Tag für 30 und ein paar Monate später für 60 Dollar verkauft werden, hat man also trotzdem keine Ahnung, ob einer der Preise billig und der andere teuer ist, ob beide billig oder beide teuer sind oder was auch immer! Das heißt, nach dem bisher Gelernten könnten Sie einen Schleuderpreis selbst dann nicht erkennen, wenn er Ihnen auf den Kopf fallen würde.

Zweitens: Wenn Sie einen angemessenen Preis oder einen angemessenen Preisbereich für das Unternehmen ausrechnen könnten, woher wissen Sie, ob Ihre Berechnungen richtig oder wenigstens annähernd richtig sind? Sie erinnern sich: Die Berechnung des Unternehmenswertes beruht ausschließlich auf Raten und Schätzen. Unter anderem beinhalten derartige Schätzungen Gewinnprognosen, die viele Jahre in die Zukunft reichen. Selbst Experten (was immer das heißt) tun sich damit schwer.

Drittens und wie schon besprochen: Gibt es denn nicht massenweise schlaue und fleißige Menschen, die ebenfalls versuchen, sich diese Dinge auszurechnen? Gibt es nicht Mengen von Börsenanalysten und professionellen Investoren, die ihre Zeit mit der Berechnung des wahren Wertes von Unternehmen verbringen? Selbst wenn ich Ihnen das Investieren beibringen könnte, wären diese intelligenten, wissenden und erfahrenen Menschen darin nicht trotzdem besser als Sie? Würden Ihnen diese Menschen nicht alle offensichtlichen Sonderangebote vor der Nase wegschnappen? Wie könnten Sie mit diesen Leuten konkurrieren? Sie haben nichts weiter getan, als ein Buch zu kaufen – ein Buch, in dem behauptet wird, sogar Kinder (okay, Teenager) könnten lernen, wie man am Aktienmarkt das große Geld verdient. Klingt das vernünftig? Welche Chance haben Sie denn wirklich?

Nun, ein vernünftiger Mensch könnte sich jetzt vielleicht etwas dämlich vorkommen. Aber Sie haben für dieses Buch gutes Geld bezahlt! Vielleicht sind Sie ja nur noch ein paar Karten von einem vollständigen Blatt entfernt. So weit haben wir es immerhin schon gebracht.

Das Wichtigste auf einen Blick:

1. Aktienpreise bewegen sich innerhalb kurzer Zeiträume heftig auf und ab. Das bedeutet aber nicht, dass sich der Wert der betreffenden Unternehmen im jeweiligen Zeitraum genauso stark geändert hätte. Im Prinzip benimmt sich der Aktienmarkt wie ein Verrückter namens Mr. Market.

2. Es ist eine gute Idee, Aktien eines Unternehmens sehr weit unter dem geschätzten Wert zu kaufen. Der Kauf von Aktien mit hohem Abschlag bietet eine große Sicherheitsmargin und liefert sichere, beständige Anlageerträge.

3. Mit dem bisher Gelernten könnten Sie eine Aktie zum Spottpreis selbst dann nicht erkennen, wenn sie Ihnen auf den Kopf fallen würde.

4. Da Ihnen zum vollständigen Blatt nur noch ein paar Karten fehlen, können Sie genauso gut weiterlesen.

KAPITEL FÜNF

Ich gehe sehr gerne ins Kino und einer meiner Lieblingsfilme ist „Karate Kid". Natürlich würde mir jede Form von Kunst gefallen, wenn sie mit dem Verzehr von Popcorn und Süßigkeiten verbunden wäre. Aber im erwähnten Film gibt es eine Szene, die für mich eine ganz besondere Bedeutung hat. Der alte Karatemeister Mr. Myagi soll seinem jugendlichen Schüler Daniel das Kämpfen beibringen. Der Junge ist neu in der Schule und wird von einer Gruppe von Karatekämpfern tyrannisiert. Daniel hofft, wenn er Karate lernt, könnte er sich gegen seine Quälgeister wehren und das Mädchen seiner Träume für sich gewinnen. Doch anstatt ihn Karate zu lehren schickt Mr. Myagi Daniel zum Arbeiten – Autos polieren, Zäune streichen, Böden schleifen.

Nach einer rasenden Folge von Szenen, in denen man sieht, wie sich der arme Daniel die Finger wund arbeitet – wachsen, streichen, schmirgeln – hat der Junge irgendwann die Nase voll. Er stellt Mr. Myagi zur Rede und sagt im Prinzip: „Warum verschwende ich meine Zeit mit diesen einfachen und niedrigen Arbeiten? Eigentlich sollte ich doch Karate lernen!" Mr. Myagi lässt Daniel vom Schmirgeln aufstehen. Er schlägt in schneller Folge auf ihn ein und ruft dabei: „Wachsen, wachsen!" Daniel pariert die Schläge mit den wirbelnden Bewegungen, die er in den vielen Stunden geübt hat, in denen er Autos polierte. Dann versetzt Mr. Myagi ihm einen Boxschlag und ruft dabei „Streichen!" Wieder wehrt Daniel den Schlag ab, diesmal aber mit der Auf-und Abbewegung des Zäunestreichens. Einen Karate-Tritt von Mr. Myagi stoppt Daniel dank seiner Schleif-Übung.

Im Endeffekt ist Daniel durch diese einfachen Übungen ohne sein Wissen zum Karatemeister geworden. Nun ist es so, dass der Zuschauer bei guten Filmen die so genannte „Suspension of Disbelief" (SOD) [Aufhebung des Zweifels, Anm. d. Übers.] erlebt. Wir wissen ja eigentlich, dass sich Ralph Macchio, der Schauspieler, der Daniel verkörpert, in Wirklichkeit mit den Auto-wachs-Bewegungen in einer dunklen Gasse nicht erfolgreich zur Wehr setzen könnte. Im richtigen Leben würde Herr Macchio wahrscheinlich einen Schlag auf den Kopf bekommen und wie ein Kartoffelsack in sich zusammensacken, bevor er den ersten Anstrich auftragen könnte. Aber während uns der Film gefangen nimmt, glauben wir gerne, dass Mr. Myagis einfache Methoden tatsächlich Wunder wirken können.

Und jetzt muss ich Sie ebenfalls um eine kleine Aufhebung des Zweifels bitten. Nicht etwa, weil das, was Sie lernen sollen, sinnlos wäre. Ganz im Gegenteil, die zwei Konzepte in diesem Kapitel sind derart simpel, dass es Ihnen schwer fallen mag zu glauben, diese einfachen Werkzeuge könnten Sie zu Börsenmeistern machen. Aber wenn Sie jetzt gut aufpassen, verspreche ich Ihnen, dass Sie hinterher keinen Schlag auf den Kopf bekommen.

Als wir Jason, dem Helden unserer Geschichte, zum letzten Mal begegnet sind, bat er uns, über ein interessantes Angebot nachzudenken. Sein Vorschlag war einfach: Ob wir einen Teil seiner äußerst erfolgreichen Kaugummi-Ladenkette namens

„Jason's Gum Shops" kaufen wollten. („Du willst einen, du willst einen, ich sag dir, du willst einen ...") Doch so sehr uns Jason auch einen Teil seines Geschäfts verkaufen wollte, es stellte sich heraus, dass die Antwort gar nicht so einfach war.

Ein Blick auf die Ertragsrechnung, die uns Jason gegeben hatte, zeigte, dass Jasons zehn Kaugummiläden im letzten Jahr einen Gewinn von insgesamt 1,2 Millionen Dollar gebracht hatten – ganz schön beeindruckend. Da Jason sein Geschäft in eine Million gleich große Aktien aufgeteilt hat, sind wir zum Schluss gekommen, dass jede Aktie zu einem Gewinn von 1,20 Dollar berechtigt (1.200.000 Dollar geteilt durch 1.000.000 Aktien). Bei Jasons Preisangebot von zwölf Dollar pro Aktie hätte das bedeutet, dass uns „Jason's Gum Shops" gemäß dem Gewinn vom Vorjahr auf jede Aktie, die wir für zwölf Dollar gekauft hätten, einen Jahresertrag von zehn Prozent geliefert hätte (1,20 Dollar geteilt durch 12 Dollar ergibt zehn Prozent).

Diese zehn Prozent, die sich aus dem Jahresgewinn pro Aktie geteilt durch den Aktienpreis ergeben, bezeichnet man als Gewinnrendite. Wir haben dann die Gewinnrendite von zehn Prozent, die wir durch die Investition in Jasons Geschäft bekommen könnten, mit den sechs Prozent Rendite verglichen, die wir risikolos bekommen könnten, wenn wir in eine zehnjährige US-Staatsanleihe investieren würden. Wir kamen ohne große Probleme zum Schluss, dass zehn Prozent Ertrag besser wären als sechs Prozent. Allerdings stießen wir bei dieser einfachen Analyse auf eine ganze Reihe von Problemen.

Zunächst einmal hat „Jason's Gum Shops" den Gewinn von 1,20 Dollar pro Aktie im vergangenen Jahr erzielt. Im nächsten Jahr könnte der Gewinn vollkommen anders aussehen. Wenn

Jasons Unternehmen im nächsten Jahr weniger als 1,20 Dollar Gewinn bringen würde, dann bekämen wir auf unsere Investition keine zehn Prozent Ertrag und würden mit den sechs Prozent aus der Staatsanleihe vielleicht besser fahren. Und wenn zweitens Jasons Geschäft die 1,20 Dollar im nächsten Jahr bringen würde, wäre das ja auch nur ein Jahr. Woher wollen wir wissen, wie viel Gewinn „Jason's Gum Shops" in späteren Jahren erzielt? Das könnte viel mehr werden als 1,20 Dollar pro Aktie, aber es könnte auch viel weniger werden, so dass unser Ertrag deutlich unter die sechs Prozent fallen könnte, die uns der amerikanische Staat risikolos bietet. Und schließlich – selbst wenn wir eine Meinung zu den künftigen Gewinnen hätten, wie könnten wir je darauf vertrauen, dass sich unsere Voraussagen bewahrheiten?

Letztlich lassen sich all diese Probleme in einem knappen Satz zusammenfassen: Es ist schwer, die Zukunft vorauszusagen. Wenn wir die künftigen Gewinne eines Unternehmens nicht voraussagen können, dann können wir dem Unternehmen schwerlich einen bestimmten Wert zumessen. Und wenn wir ein Unternehmen nicht bewerten können, dann würden wir es nicht einmal merken, wenn Mr. Market gelegentlich verrückt spielt und uns unglaubliche Spottpreise anbietet. Doch anstatt uns damit zu beschäftigen, was wir alles nicht wissen, befassen wir uns lieber mit dem, was wir wissen.

Wie gesagt: „Jason's Gum Shops" hat im letzten Jahr 1,20 Dollar Gewinn pro Aktie erzielt. Unsere Gewinnrendite betrug bei einem Aktienpreis von zwölf Dollar folglich 1,20 Dollar durch zwölf Dollar beziehungsweise zehn Prozent – ganz einfach. Aber was wäre, wenn „Jason's Gum Shops" im letzten Jahr 2,40 Dollar

Gewinn gemacht hätte? Und wenn wir die Aktie trotzdem für zwölf Dollar bekommen würden? Wie groß wäre die Gewinnrendite dann? Nun, 2,40 Dollar geteilt durch 12 Dollar ist gleich 20 Prozent. Wenn „Jason's Gum Shops" im vergangenen Jahr 2,40 Dollar Gewinn pro Aktie erzielt hätte, läge die Gewinnrendite somit bei 20 Prozent. Wenn „Jason's Gum Shops" bei einem Aktienkurs von zwölf Dollar im letzten Jahr 3,60 Dollar verdient hätte, beliefe sich die Gewinnrendite auf 30 Prozent. Aber gleich wird's noch einfacher.

So, und jetzt gut aufgepasst! Dieses Kapitel enthält nur zwei Hauptpunkte und jetzt kommt die Frage, aus deren Beantwortung hervorgeht, ob Sie den ersten Punkt verstanden haben: Wenn alle sonstigen Bedingungen gleich wären und Sie eine Aktie von „Jason's Gum Shops" für zwölf Dollar kaufen könnten, welches Gewinnergebnis wäre Ihnen am liebsten? Wäre es Ihnen lieber, wenn „Jason's Gum Shops" im letzen Jahr pro Aktie 1,20 Dollar, 2,40 oder 3,60 Dollar Gewinn erzielt hätte? Anders gefragt, wäre Ihnen eine Gewinnrendite auf Grundlage des letzjährigen Gewinns von 10 Prozent, 20 Prozent oder 30 Prozent am liebsten? Trommelwirbel bitte! Falls Sie sagen, dass 30 Prozent ganz offensichtlich besser sind als 20 oder 10 Prozent, dann haben Sie Recht! Und genau das ist der Punkt – eine höhere Gewinnrendite ist besser als eine niedrige. Es ist Ihnen lieber, wenn das Unternehmen im Verhältnis zu seinem Preis mehr Gewinn macht. Immer schön wachsen und polieren!

Gut, das war ja nicht schwer, aber jetzt kommt der zweite Punkt des Kapitels und da geht es um etwas anderes als beim ersten (andernfalls würde ich ja zweimal das Gleiche sagen und damit Ihre Zeit verschwenden, was ich niemals tun würde – es sei denn in Klammern). Beim ersten Punkt ging es um den Preis – wie viel Gewinn wir im Verhältnis zu unserem Kaufpreis bekommen. Anders gesagt ging es um die Frage, ob der Preis ein Schnäppchenpreis ist oder nicht. Aber außer dem Preis wollen wir ja bestimmt noch etwas über das Geschäft an sich erfahren. Kurz gesagt: Kaufen wir ein gutes Unternehmen oder ein schlechtes Unternehmen?

Was ein Unternehmen gut oder schlecht macht, könnten wir natürlich auf viele verschiedene Arten definieren. Unter anderem könnten wir die Qualität der Produkte oder Dienstleistungen betrachten, die Treue der Kunden, den Wert der Markennamen, die Effektivität des Betriebsablaufs, die Qualität des Managements, die Stärke der Konkurrenz und die langfristigen Geschäftsaussichten. Wenn wir einschätzen wollen, ob wir ein gutes oder schlechtes Unternehmen kaufen, sind offensichtlich alle genannten Kriterien – einzeln oder in Kombination – hilfreich. Bei allen einzelnen Einschätzungen müssten wir raten, schätzen und Voraussagen treffen. Und wir sind uns ja schon darin einig, dass das ganz schön schwierig ist.

Also, wie schon gesagt, es wäre vielleicht sinnvoller, zuerst die Dinge zu betrachten, die wir wissen. Am besten treffen wir überhaupt keine Prognosen. Sehen wir uns stattdessen lieber an, was im vergangenen Jahr passiert ist. Wir könnten zum Beispiel feststellen, dass Jason für den Aufbau jedes einzelnen Geschäfts 400.000 Dollar bezahlt hat (einschließlich Lager, Auslagen etc.) und dass jedes einzelne Geschäft im vergangenen Jahr 200.000 Dollar Gewinn gebracht hat. Das würde bedeuten, dass ein durchschnittlicher Laden von „Jason's Gum Shops" jährlich 200.000 Dollar Gewinn abwirft, und das bei einer Anfangsinvestition von nur 400.000 Dollar – zumindest gemäß den Ergebnissen des letzten Jahres. Daraus ergibt sich ein jährlicher Ertrag von 50 Prozent (200.000 Dollar durch 400.000 Dollar) auf die anfänglichen Kosten für die Eröffnung eines Kaugummigeschäfts. Diese Zahl bezeichnet man gerne als Kapitalrendite. Ohne zusätzliches Wissen klingt ein Gewinn von 200.000 Dollar aus einem Laden, dessen Aufbau 400.000 Dollar kostet, nach einem guten Geschäft. Aber jetzt kommt der schwierige Teil (nein, nicht wirklich).

Wenn Jason einen Freund namens Jimbo hätte, der ebenfalls eine Ladenkette besitzt? Und wenn Sie die Möglichkeit hätten, einen Anteil an Jimbos Ladenkette – „Just Broccoli“ – zu erwerben? Aber wenn dessen Geschäfte im letzten Jahr nur jeweils 10.000 Dollar Gewinn gebracht hätten? Ein Jahresgewinn von 10.000 Dollar mit einem Laden, dessen Aufbau 400.000 Dollar gekostet hat, ergibt eine Jahresrendite beziehungsweise eine Kapitalrendite von nur 2,5 Prozent. Also hier nun die schwierige Frage: Welches Geschäft hört sich besser an? „Jason's Gum Shops“, wo jeder Laden im letzten Jahr 200.000 Dollar gebracht und 400.000 Dollar gekostet hat, oder „Just Broccoli“, wo jeder Laden nur 10.000 Dollar eingebracht, aber ebenfalls 400.000 Dollar gekostet hat? Anders gefragt: Was klingt besser – ein Unternehmen mit 50 Prozent Kapitalrendite oder ein Unternehmen mit 2,5 Prozent Kapitalrendite? Die Antwort versteht sich von selbst – und das war schon der zweite Punkt! Lieber kauft man ein Unternehmen mit hoher Kapitalrendite als ein Unternehmen mit niedriger Kapitalrendite. Wachsen Sie (oder streichen Sie einen Zaun oder schleifen Sie irgendetwas ab oder was auch immer)![1]

[1] Wenn Sie wissen wollen, was Jimbo tun sollte, schauen Sie im Kasten am Ende des Kapitels nach!

Aber jetzt kommt der große Endspurt. Wissen Sie noch? Ich habe Ihnen doch gesagt, dieses Kapitel würde schwer zu glauben sein? Dass Sie mithilfe zweier einfacher Werkzeuge tatsächlich Börsenmeister werden könnten? Glauben Sie es nur. Sie sind Börsenmeister.

Wie das? Im nächsten Kapitel werden Sie sehen, dass Sie systematisch die besten Unternehmen kaufen, die Mr. Market buchstäblich verschenkt, wenn Sie sich einfach daran halten, dass Sie nur gute Unternehmen kaufen (welche mit hoher Kapitalrendite) und dass Sie diese Unternehmen nur zu Schnäppchenpreisen kaufen (zu Preisen, aus denen sich eine hohe Gewinnrendite ergibt). Sie können Anlageerträge erzielen, die die besten Investmentprofis vom Hocker hauen (einschließlich der klügsten, die ich kenne). Sie können die Erträge von Spitzenprofessoren übertreffen und alle je angestellten wissenschaftlichen Studien überbieten. Sie können tatsächlich doppelt so viel Gewinn erzielen wie der Gesamtmarkt!

Aber das ist noch nicht alles. Sie schaffen das ganz allein. Sie schaffen das mit geringem Risiko. Sie schaffen das, ohne Voraussagen zu treffen. Sie schaffen das durch die Befolgung einer einfachen Formel, die nur die beiden grundlegenden Konzepte beinhaltet, die Sie in diesem Kapitel gelernt haben. Sie können das während Ihres restlichen Lebens machen – und Sie können beschließen, dass Sie das erst machen, wenn Sie überzeugt sind, dass es auch wirklich funktioniert. Schwer zu glauben? Meine Aufgabe ist es, das zu beweisen. Ihre Aufgabe ist es, sich die Zeit zu nehmen, um zu lesen und zu verstehen, dass diese einfache Methode nur deshalb funktioniert, weil sie ganz einfach Sinn ergibt!

Das Wichtigste auf einen Blick:

1. Es ist gut, Unternehmensaktien zu Schnäppchenpreisen zu kaufen. Man erreicht dies beispielsweise dadurch, dass man lieber Unternehmen kauft, die im Verhältnis zum Preis höhere Gewinne erzielen, als Unternehmen, die niedrigere Gewinne erzielen. Eine hohe Gewinnrendite ist also besser als eine niedrige.

2. Es ist besser, Aktien von guten Unternehmen zu kaufen als Aktien von schlechten Unternehmen. Man erreicht dies beispielsweise dadurch, dass man lieber Unternehmen kauft, die mit ihren eigenen Investitionen hohe Erträge erzielen können, als Unternehmen, die nur mit geringeren Erträgen investieren können. Unternehmen mit hoher Kapitalrendite sind also besser als Unternehmen mit niedriger Kapitalrendite.

3. Das Geheimnis des großen Geldes ist die Kombination der Punkte 1 und 2 – gute Unternehmen zu Schnäppchenpreisen. Und was am wichtigsten ist:

4. Gebt Leuten, die Jimbo heißen, kein Geld!

Außer wenn Jimbo damit rechnet, dass die „Just Broccoli"-Läden in den kommenden Jahren viel mehr Gewinn bringen als bisher (eine Annahme, die ganz offensichtlich Voraussagen über die Zukunft beinhaltet), ist Jimbos Unternehmen eindeutig so schlecht, dass er eigentlich lieber keine „Just Broccoli"-Läden eröffnen sollte. Wenn er die Wahl hat, für 400.000 Dollar ein neues Geschäft zu eröffnen, das ihm jährlich nur 2,5 Prozent Rendite bringt, oder US-Staatsanleihen zu kaufen, die ihm auf seine Investition einen Ertrag von sechs Prozent liefern – risikolos – wozu sollte er da überhaupt ein Geschäft eröffnen? Tatsächlich wirft Jimbo mit der Eröffnung von „Just Broccoli"-Läden Geld weg! (Obwohl es auf den ersten Blick so aussieht, als würde er mit der Investition in einen neuen Laden 2,5 Prozent verdienen, wirft er in Wirklichkeit die 3,5 Prozent weg, die er durch den Kauf von risikolosen US-Staatsanleihen zusätzlich verdienen könnte.)

KAPITEL SECHS

So, jetzt sind wir bereit für die Zauberformel! Selbstverständlich kann es sein, dass Sie immer noch meinen, das würde nicht funktionieren oder es wäre zu schwierig oder an einem Buch, das behauptet, es habe eine Zauberformel, müsste sowieso etwas faul sein. Aber falls es Sie beruhigt: Sogar der große Benjamin Graham, einer der renommiertesten und einflussreichsten Investmentpioniere – der Mann, der uns Mr. Market und die Sicherheitsmargin geschenkt hat – hat eine Zauberformel beschrieben und benutzt. Na gut, er hat sie nicht so genannt (offensichtlich hatte der Mann ein gewisses Ehrgefühl). Aber Graham dachte sich, dass es den meisten Privatanlegern, und sogar vielen professionellen Anlegern, schwer fällt, die nötigen Analysen zu erstellen, um Unternehmen selbst zu bewerten und dann entsprechend zu investieren. Graham dachte sich weiter, eine einfache und sinnvolle Formel, die bisher gut funktioniert hat, würde Privatanleger in die Lage versetzen, mit einem hohen Maß an Sicherheit hervorragende Investmentergebnisse zu erzielen.

Nach Grahams Formel kann man Unternehmen kaufen, deren Aktienkurs so niedrig ist, dass der Kaufpreis kleiner ist als der Erlös, den man erzielen würde, wenn man das Unternehmen kurzerhand schließen und seine Vermögenswerte verkaufen würde (er verwendete dafür verschiedene Bezeichnungen:

Schnäppchenaktien, Vermögensaktien oder Aktien, die unter ihrem *Liquidationswert* verkauft werden). Graham schrieb, es sei „einfach vorherzusagen", dass man mit dem Kauf von 20 oder 30 Unternehmen, die preiswert genug sind und die die strengen Anforderungen seiner Formel erfüllen, ohne weitere Analysen *„recht zufriedenstellende Ergebnisse"* erzielen könne. Und tatsächlich wendete Graham die Formel über 30 Jahre lang mit großem Erfolg an.

Zu unserem Unglück wurde diese Formel in einer Zeit aufgestellt, in der viele Aktien sehr niedrig bewertet waren. Nach dem Börsenkrach des Jahres 1929 und der nachfolgenden Großen Depression galt die Investition in Aktien mehrere Jahrzehnte lang als äußerst riskantes Geschäft. Aus diesem Grund bewerteten die Anleger ihre Aktien nicht sehr hoch, weil sie Angst hatten, sie könnten ihr Geld wieder verlieren. Grahams Formel funktioniert nach all den Jahren zwar immer noch, aber vor allem in Zeiten besonders niedriger Aktienkurse. In der heutigen Situation gibt es meistens nur wenige oder gar keine Aktien, die den strengen Anforderungen von Grahams Originalformel genügen.

Aber das macht nichts. Indem er die Formel so viele Jahre lang mit Erfolg benutzt hat, hat Graham bewiesen, dass ein einfaches System zum Auffinden eindeutig preiswerter Aktien sichere und beständig hohe Anlageerträge bringen kann. Wenn ihm Mr. Market eine Gruppe von Aktien zu derart niedrigen Preisen verkaufen wollte, dass sie die strengen Kriterien seiner Formel erfüllten, so dachte sich Graham, müsste er im Durchschnitt am Ende einen Aktienkorb aus lauter Schnäppchen haben. Natürlich würde der niedrige Preis bei einigen Aktien gerechtfertigt sein. Manche Unternehmen verdienen geringe Bewertungen, weil ihre Zukunftsaussichten schlecht sind. Aber Graham rechnete sich aus, dass der Kauf unter Beachtung der Formel ihm im Durchschnitt Schnäppchen bescheren würde – Sonderangebote, die dadurch zustande kommen, dass Mr. Market Unternehmen zu unvernünftigen Schleuderpreisen verschenkt. Graham meinte, die Anleger könnten durch den Kauf solcher Aktienschnäppchen sichere Erträge ernten und bräuchten sich wegen einiger weniger Fehlkäufe keine Sorgen zu machen; außerdem bräuchten sie dafür keine komplizierten Analysen einzelner Aktien anzustellen.

Damit stehen wir jetzt natürlich vor einer gewissen Herausforderung. Können wir eine neue Formel präsentieren, die bei geringem Risiko die Märkte übertrifft? Finden wir eine Formel, die nicht nur in der heutigen Marktsituation funktioniert, sondern die so flexibel ist, dass sie auch noch in ferner Zukunft funktioniert – ungeachtet des allgemeinen Marktniveaus? Sie haben natürlich schon erraten, dass wir das tatsächlich können. Und eigentlich wissen Sie sogar schon, worin die Formel besteht!

Im letzten Kapitel haben wir gelernt, dass wir – wenn wir die Wahl haben und alle anderen Bedingungen gleich sind – lieber Aktien mit hoher Gewinnrendite (die im Verhältnis zum Kaufpreis hohe Gewinne erzielen) als mit niedriger Gewinnrendite (die im Verhältnis zum Kaufpreis geringe Gewinne erzielen) kaufen sollten. Außerdem haben wir gelernt, dass wir – wenn wir die Wahl haben und alle anderen Bedingungen gleich sind – lieber Unternehmen mit hoher Kapitalrendite (Unternehmen, deren Geschäfte oder Fabriken im Verhältnis zu den Kosten viel Gewinn machen) als Unternehmen mit niedriger Kapitalrendite (Unternehmen, deren Geschäfte oder Fabriken im Verhältnis zu den Kosten wenig Gewinn machen, siehe „Just Broccoli“) kaufen.

Also, jetzt kommt's gleich. Was meinen Sie wird wohl passieren, wenn wir einfach beschließen, nur Aktien von Unternehmen zu kaufen, die sowohl eine hohe Gewinnrendite als auch eine hohe Kapitalrendite haben? Anders gesagt: Was würde passieren, wenn wir beschließen würden, nur Aktien von guten Unternehmen (mit hohen Kapitalrenditen) zu kaufen, aber nur wenn sie zu Spottpreisen zu haben sind (so dass sie uns eine hohe Gewinnrendite liefern)? Was würde dann passieren? Nun, ich will Ihnen sagen, was dann passieren würde: Wir würden eine Menge Geld verdienen! (Oder, wie Graham sagen würde: Wir würden „recht zufriedenstellende Ergebnisse" erzielen.) Aber klingt es denn glaubhaft, dass so etwas Einfaches und Offensichtliches im richtigen Leben funktioniert? Als ersten logischen Schritt zur Beantwortung dieser Frage sollten wir uns vielleicht ansehen, was es gebracht hätte, wenn wir in der Vergangenheit diszipliniert gute Unternehmen zu Schnäppchenpreisen gekauft hätten. Und da zeigt sich, dass diese einfache Anlagestrategie, die dem gesunden Menschenverstand entspricht, tatsächlich sehr gut funktioniert hätte.

Wenn man in den letzten 17 Jahren ein Portfolio von rund 30 Aktien mit der besten Kombination aus hoher Kapitalrendite und hoher Gewinnrendite geführt hätte, dann hätte man einen Ertrag von rund 30,8 Prozent pro Jahr geerntet. Zu diesem Prozentsatz wären aus einer Anfangsinvestition von 11.000 Dollar in den 17 Jahren gut eine Million geworden.[1] In den Augen man-

[1] Die Zahlen, die wir für unsere Zauberformel-Studie verwenden, entstammen der Datenbank „Point in Time" von „Compustat" und reichen 17 Jahre in die Vergangenheit zurück. Die Datenbank enthält alle Informationen, die den Kunden von „Compustat" zum Zeitpunkt des Kaufs zur Verfügung standen. Bei einer Ertragsrate von 30,8 Prozent pro Jahr hätten sich die angelegten 11.000 Dollar in 17 Jahren mehr als versechsundneunzigfacht und wären zu 1.056.000 Dollar geworden – vor Steuern und Transaktionskosten.

cher Menschen ist das vielleicht keine besonders tolle Rendite, aber diese Menschen sind doch sowieso bekloppt!

In den gleichen 17 Jahren brachte der gesamte Markt eine durchschnittliche Jahresrendite von 12,3 Prozent. Zu diesem Satz wären aus den 11.000 Dollar zwar immerhin beeindruckende 79.000 Dollar geworden, aber eine Million ist trotzdem viel mehr Geld. Und diese Million hätte man gegen ein geringeres Risiko als bei der Investition in den Gesamtmarkt bekommen. Aber dazu später mehr.

Jetzt wollen wir lieber sehen, wie die Zauberformel umgesetzt wird. Auf diese Weise verstehen wir nach und nach, wieso eine derart einfache Formel funktioniert und warum sie auch noch lange Zeit funktionieren dürfte. Später werden wir Schritt für Schritt lernen, wie man die Zauberformel anwendet, um in der heutigen Zeit Gewinn bringende Investments zu finden. Vergessen Sie aber bitte nicht, dass der mechanische Teil gar nicht das Wichtigste ist. Den größten Teil der Arbeit erledigt ja der Computer. Wie Sie in Kapitel 1 gelesen haben, wird Ihr Glaube an die übermächtige Logik der Zauberformel dafür sorgen, dass sie für Sie langfristig funktioniert. Versuchen wir also zu verstehen, wie die Zauberformel gute Unternehmen zu Schnäppchenpreisen ausfindig macht.

Als Erstes erstellt die Formel eine Liste der 3.500 größten Unternehmen, die an den großen amerikanischen Börsen gehandelt werden.[2] Das Unternehmen mit der höchsten Kapitalrendite bekommt den ersten Platz und das Unternehmen mit der

[2] Das genaue Verfahren wird im Anhang beschrieben (bestimmte Finanzwerte und Versorgungswerte werden aus unserem Aktienuniversum ausgeschlossen).

niedrigsten Kapitalrendite (wahrscheinlich ein Unternehmen, das Verlust macht) landet auf Platz 3.500. Das heißt, das Unternehmen mit der 232.-höchsten Kapitalrendite kommt auf Platz 232.

Dann erstellt die Formel eine zweite Liste, aber diesmal bestimmt die Gewinnrendite die Rangfolge. Das Unternehmen mit der höchsten Gewinnrendite kommt auf Platz 1 und das Unternehmen mit der niedrigsten Gewinnrendite auf Platz 3.500. Das Unternehmen mit der 153.-größten Gewinnrendite bekommt folglich Platz 153.

Zum Schluss kombiniert die Formel ganz einfach die beiden Ranglisten miteinander. Dabei *sucht die Formel weder das Unternehmen mit der besten Kapitalrendite noch* das Unternehmen *mit der besten Gewinnrendite* heraus, sondern das Unternehmen mit der besten Kombination *aus beiden Faktoren.* Ein Unternehmen, das im Hinblick auf die Kapitalrendite Platz 232 und im Hinblick auf die Gewinnrendite Platz 153 belegt, erhält also Platz 385 (232 + 153). Wenn ein Unternehmen bei der Kapitalrendite auf Platz 1 liegt, bei der Gewinnrendite jedoch auf Platz 1.150, bekommt es den kombinierten Rang 1.151 (1.150 + 1).[3]

Wenn Sie mit Zahlen nicht viel anfangen können – macht nichts. Merken Sie sich einfach, dass die Unternehmen mit dem höchsten kombinierten Rang die beste *Kombination* aus beiden Faktoren aufweisen. Nach diesem System liegt das Unternehmen mit der 232.-besten Kapitalrendite vor dem Unternehmen mit der besten Kapitalrendite. Warum? Weil der Preis für das Unternehmen mit der 232.-besten Kapitalrendite (bei 3.500 ein sehr guter Platz) niedrig genug für eine sehr hohe Gewinnrendite ist (unter 3.500 Unternehmen auf Platz 153). Sehr gute Plätze in beiden Kategorien sind in diesem System also besser als ein

[3] Platz 385 ist besser.

Spitzenplatz in der einen Kategorie und ein relativ guter Platz in der zweiten.

Tabelle 6.1
Ergebnisse der Zauberformel

	Zauberformel	Gesamtmarkt[4]	S & P 500
1988	27,1 %	24,8 %	16,6 %
1989	44,6 %	18 %	31,7 %
1990	1,7 %	-16,1 %	-3,1 %
1991	70,6 %	45,6 %	30,5 %
1992	32,4 %	11,4 %	7,6 %
1993	17,2 %	15,9 %	10,1 %
1994	22 %	-4,5 %	1,3 %
1995	34 %	29,1 %	37,6 %
1996	17,3 %	14,9 %	23 %
1997	40,4 %	16,8 %	33,4 %
1998	25,5 %	-2 %	28,6 %
1999	53 %	36,1 %	21 %
2000	7,9 %	-16,8 %	-9,1 %
2001	69,9 %	11,5 %	-11,9 %
2002	-4 %	-24,2 %	-22,1 %
2003	79,9 %	68,8 %	28,7 %
2004	19,3 %	17,8 %	10,9 %
	30,8 %	**12,3 %**	**12,4 %**

[4] Der „Gesamtmarkt" ist ein gleichmäßig gewichteter Index der 3.500 Aktien, die für uns in Frage kommen. Jede Aktie trägt den gleichen Teil zum Ertrag des Indexes bei. Der S & P 500 ist ein nach Marktkapitalisierung gewichteter Index.

Ganz einfach, oder? Aber so einfach kann das doch gar nicht sein! Kann es sein, dass ein Portfolio der rund 30 am besten eingestuften Aktien wirklich so gute Anlageergebnisse bringt? Dann sehen Sie sich doch einmal die Erträge an, die man bekommen hätte, wenn man in den letzten 17 Jahren einfach den Empfehlungen der Zauberformel gefolgt wäre (Tabelle 6.1). Hoppla! Das darf doch nicht wahr sein! Die Ergebnisse sind einfach zu gut! Da kann doch irgendetwas nicht stimmen. Wir sollten diese Ergebnisse wirklich genauer unter die Lupe nehmen, aber ich würde sagen, wir machen das erst im nächsten Kapitel.

Das Wichtigste auf einen Blick:

1. Ben Graham hatte eine Zauberformel. Er dachte, wenn Aktien den strengen Anforderungen seiner Formel genügten, müssten sie im Durchschnitt als Schnäppchen gelten – Schnäppchen, die dadurch zustande kommen, dass Mr. Market Unternehmen zu unvernünftig niedrigen Preisen praktisch verschenkt.
2. Heutzutage erfüllen nur wenige Unternehmen Grahams strenge Kriterien.
3. Wir haben eine neue Zauberformel aufgestellt. Diese Formel *sucht gute Unternehmen zu Schnäppchenpreisen.*
4. Anscheinend funktioniert die neue Formel. Anscheinend funktioniert sie sogar zu gut.
5. Bevor wir alles bis zum letzten Cent in die Zauberformel stecken, sollten wir vielleicht die Ergebnisse genauer unter die Lupe nehmen.

KAPITEL SIEBEN

„Nicht das, was wir nicht wissen, bringt uns in Schwierigkeiten", sagte Artemus Ward, ein Journalist aus dem 19. Jahrhundert, „sondern die Dinge, von denen wir wissen, dass sie nicht so sind." Genau das ist offenbar unser Problem. Es sieht so aus, als würde die Zauberformel funktionieren. Sie bringt derart gute Ergebnisse, dass nicht daran zu rütteln ist. Und natürlich wollen wir, dass sie funktioniert. Wer würde nicht gerne viel Geld verdienen, ohne sich groß dafür anstrengen zu müssen? Aber funktioniert die Zauberformel auch wirklich? Es stimmt schon, die Zahlen sehen gut aus, aber wissen wir denn, wo sie herkommen (oder bei wem sie waren)? Und vor allem: Wissen wir denn, wo sie hingehen? Auch wenn die Formel in der Vergangenheit funktioniert hat, haben wir auch nur ansatzweise „des Pudels Kern" gefunden? Wird die Formel auch in Zukunft funktionieren? Gute Fragen, sicher. Bevor uns das, was wir im vorigen Kapitel gelernt haben, in große Schwierigkeiten bringt, wollen wir lieber sehen, ob wir gute Antworten finden.

Als Erstes also: Woher kommen die Zahlen? Wenn man rückblickend Annahmen darüber trifft, was man in der Vergangenheit hätte erreichen können, steht man häufig vor einem Problem. Eine computergestützte Formel zur Aktienauswahl mag spektakuläre theoretische Erträge bringen, aber es könnte sich schwierig gestalten, diese Ergebnisse in der wirklichen Welt zu reproduzieren. Es könnte zum Beispiel sein, dass die Zauberformel lauter winzige Unternehmen auswählt, die man als normaler Mensch kaum kaufen kann. Bei kleinen Unternehmen ist die Anzahl der Aktien häufig begrenzt und schon ein geringer Anstieg der Nachfrage kann den Kurs hochtreiben. In diesem Fall sieht die Formel auf dem Papier gut aus, aber im richtigen Leben lassen sich ihre Ergebnisse nicht realisieren. Deshalb ist es so wichtig, dass die von der Formel ausgewählten Unternehmen möglichst groß sind.

Wie im vorigen Kapitel beschrieben, erstellt die Formel eine Rangfolge der 3.500 größten Unternehmen, die an den wichtigsten amerikanischen Börsen gehandelt werden. Aus dieser Gruppe von Unternehmen wählt die Formel ihre Lieblingsaktien aus. Das kleinste der 3.500 Unternehmen hat immerhin eine Marktkapitalisierung von mehr als 50 Millionen Dollar.[1]

Privatanlegern sollte es normalerweise möglich sein, eine vernünftige Anzahl Aktien von Unternehmen dieser Größenordnung zu kaufen, ohne dadurch den Preis hochzutreiben.

Aber jetzt wollen wir einmal sehen, was passiert, wenn wir die Messlatte ein bisschen höher legen. Es wäre ja schön, wenn die Zauberformel bei großen und kleinen Unternehmen funktionieren würde. Dann könnten wir darauf vertrauen, dass das Grundprinzip der guten Unternehmen zu Schnäppchenpreisen bei Unternehmen jeder Größe funktioniert. Betrachten wir also statt der 3.500 größten Unternehmen nur die 2.500 größten Unternehmen. In diesem Fall haben die kleinsten Unternehmen eine Marktkapitalisierung von mindestens 200 Millionen Dollar.

[1] Einzelheiten im Anhang.

In den vergangenen 17 Jahren (bis Dezember 2004) hat die Zauberformel auch bei dieser Gruppe größerer Unternehmen bemerkenswert gut funktioniert. Ein Portfolio aus 30 Aktien, die von der Zauberformel ausgewählt wurden, hätte einen Jahresertrag von 23,7 Prozent gebracht. Der Gesamtmarkt betrug im gleichen Zeitraum 12,4 Prozent. Das bedeutet, dass die Zauberformel den durchschnittlichen Ertrag praktisch verdoppelt hätte.

Und wenn wir noch einen Schritt weiter gehen? Blicken wir noch einmal zurück und engen die Gruppe von Aktien auf die 1.000 größten Unternehmen ein – also nur Unternehmen mit einer Marktkapitalisierung von über einer Milliarde Dollar. Solche Aktien können sogar große institutionelle Anleger wie Investmentfonds und große Pensionsfonds kaufen. Und jetzt sehen Sie sich das einmal an (Tabelle 7.1).

Wie man sieht, können auch die größten Anleger doppelt so gut abschneiden wie der Markt, wenn man die kumulierten Erträge vergleicht, indem sie ganz einfach die Zauberformel befolgen. Aber das kann doch nicht sein! Irgendwo ist da doch bestimmt ein Haken. Es sieht einfach viel zu leicht aus. Und selbstverständlich kann es durchaus noch Probleme geben. Nur dass das Problem einer Zauberformel, die nur auf dem Papier funktioniert, in der wirklichen Welt aber nicht – eben nicht dazugehört.

Gut. Die Unternehmen, die die Zauberformel auswählt, sind also nicht so klein, dass man sie als Anleger nicht kaufen könnte. Aber wie wär's damit: Vielleicht hat die Zauberformel eben mit ein paar gut gewählten Aktien großes Glück gehabt und der Schnitt sieht nur deshalb so gut aus. Wenn die Zauberformel nicht weiterhin genauso viel Glück hat, ist es vielleicht sehr gefährlich, sich auf vergangene Ergebnisse zu verlassen. Doch zum Glück ist es sehr unwahrscheinlich, dass Glück überhaupt ein spürbarer Faktor war.

Tabelle 7.1
Ergebnisse der Zauberformel (für die 1.000 größten Aktien)

	Zauberformel	Gesamtmarkt[2]	S & P 500
1988	29,4 %	19,6 %	16,6 %
1989	30 %	27,6 %	31,7 %
1990	-6 %	-7,1 %	-3,1 %
1991	51,5 %	34,4 %	30,5 %
1992	16,4 %	10,3 %	7,6 %
1993	0,5 %	14,4 %	10,1 %
1994	15,3 %	0,5 %	1,3 %
1995	55,9 %	31,4 %	37,6 %
1996	37,4 %	16,2 %	23 %
1997	41 %	19,6 %	33,4 %
1998	32,6 %	9,9 %	28,6 %
1999	14,4 %	35,1 %	21 %
2000	12,8 %	-14,5 %	-9,1 %
2001	38,2 %	-9,2 %	-11,9 %
2002	-25,3 %	-22,7 %	-22,1 %
2003	50,5 %	41,4 %	28,7 %
2004	27,6 %	17,3 %	10,9 %
	22,9 %	**11,7 %**	**12,4 %**

[2] Der Gesamtmarkt ist ein gleichmäßig gewichteter Index der 1.000 Aktien, die für uns in Frage kommen. Der S & P 500 ist ein nach Marktkapitalisierung gewichteter Index aus 500 großen Aktien.

Wir haben während der 17 Jahre ein Portfolio von ungefähr 30 Aktien geführt, wobei jede ausgewählte Gruppe jeweils ein Jahr lang gehalten wurde.[3]

Insgesamt wurden mit jedem der drei Prüfverfahren (die 3.500 größten Aktien, die 2.500 größten Aktien und die 1.000 größten Aktien) mehr als 1.500 verschiedene Auswahlen getroffen. Zusammen genommen beruht unser Test somit auf 4.500 einzelnen Anwendungen der Zauberformel. Da kann man schwerlich behaupten, Glück sei ein maßgeblicher Faktor. Aber irgendein Problem muss es bei der Sache doch geben, oder?

Wie wäre es damit: Es ist ja gut und schön, dass die Zauberformel 30 gute Unternehmen findet, die Mr. Market gerne zu Schnäppchenpreisen verschleudert, aber was ist, wenn sie keine findet? Was passiert, wenn diese wenigen Gelegenheiten aus irgendeinem Grund verschwinden? Was, wenn Mr. Market einfach ein bisschen schlauer wird und uns keine unfassbaren Sonderangebote mehr anbietet? Wenn das passieren würde, dann hätten wir wirklich Pech. Machen wir also ein kleines Experiment.

Wie wär's, wenn wir die 2.500 größten Unternehmen mit der Zauberformel neu sortieren würden, vom besten bis zum schlechtesten? Sie wissen ja, die Formel sucht Unternehmen mit einer guten Kombination aus hoher Kapitalrendite und hoher Gewinnrendite. Unternehmen, deren Geschäfte offensichtlich gut gehen und die billig zu haben sind, befänden sich in einer solchen Liste näher bei 1 und teure Unternehmen, die viel Verlust machen, befänden sich näher bei 2.500.

Dann könnten wir die 2.500 Unternehmen nach Rangfolge in zehn gleich große Gruppen unterteilen. Gruppe 1 besteht aus

[3] Genauere Angaben im Anhang.

den 250 Unternehmen, die laut Zauberformel gute Unternehmen zu Schnäppchenpreisen sind, Gruppe 2 wäre die zweitbeste Gruppe aus 250 Unternehmen und so weiter. Gruppe 10 besteht somit aus denjenigen 250 Aktien, die laut Zauberformel schlecht und teuer sind.

Was würde wohl passieren, wenn wir das 17 Jahre lang jeden Monat täten? Und was würde passieren, wenn wir jedes dieser Portfolios (die jeweils aus rund 250 Aktien bestehen) ein Jahr lang halten und die Erträge berechnen würden? Sehen Sie sich das Ergebnis an (siehe Tabelle 7.2).

Das ist ja hoch interessant. Die Zauberformel funktioniert nicht nur mit 30 Aktien. Offensichtlich funktioniert sie absteigend. Die am höchsten eingestuften Aktien bringen am meis-

Tabelle 7.2
Jahresrendite (1998–2004)

Gruppe 1	17,9 %
Gruppe 2	15,6 %
Gruppe 3	14,8 %
Gruppe 4	14,2 %
Gruppe 5	14,1 %
Gruppe 6	12,7 %
Gruppe 7	11,3 %
Gruppe 8	10,1 %
Gruppe 9	5,2 %
Gruppe 10	2,5 %

ten und mit der Rangstufe sinkt auch der Ertrag! Gruppe 1 übertrifft Gruppe 2, Gruppe 2 schlägt Gruppe 3, Gruppe 3 ist besser als Gruppe 4 und so weiter, von Gruppe 1 bis hinab zu Gruppe 10. Gruppe 1 (die am höchsten eingestuften Aktien) übertrifft Gruppe 10 (die am niedrigsten eingestuften Aktien) um mehr als 15 Prozent jährlich. Ein erstaunliches Ergebnis!

Es sieht fast so aus, als könnte die Zauberformel die Zukunft vorhersehen! Wenn wir wissen, wie die Zauberformel eine Gruppe von Unternehmen einstuft, bekommen wir ein ziemlich gutes Bild davon, wie sich diese Gruppe im Durchschnitt künftig als Investment entwickeln wird. Wenn wir also die 30 besten Aktien laut Zauberformel aus irgendeinem Grund nicht kaufen können, ist das gar nicht so schlimm. Es klappt auch ziemlich gut, wenn wir die nächsten 30 kaufen. Oder die nächsten 30! Tatsächlich scheinen sich die relativ hoch eingestuften Aktien alle relativ gut zu entwickeln.

Damit löst sich möglicherweise eines unserer potenziellen Probleme. Erinnern Sie sich noch an Ben Grahams Zauberformel? Man konnte damals gutes Geld verdienen, indem man eine Gruppe von Aktien kaufte, die Grahams strengen Anforderungen genügten. Doch leider findet man in der heutigen Marktlage nur noch wenige oder gar keine Unternehmen mehr, die Grahams Originalkriterien erfüllen. Das bedeutet, dass Grahams Formel nicht mehr so viel nützt wie früher. Bei unserer Formel kann dieses Problem ganz offensichtlich nicht auftreten, denn sie bestimmt nur eine Reihenfolge. Es gibt daher per definitionem immer Aktien, die an der Spitze stehen. Und da die Formel anscheinend kontinuierlich absteigend funktioniert, sind wir auch nicht auf die 30 besten Aktien beschränkt.

Da sämtliche hoch eingestuften Aktien etwas bringen, dürfte es jederzeit eine große Auswahl an leistungsfähigen Aktien geben.

Diejenigen unter Ihnen, die am Spielfeldrand stehen und Punkte zählen, werden merken, dass es für die Zauberformel schon ganz gut steht. Machen Sie nur so weiter. „Aktien in eine Reihenfolge bringen" – das macht einem ja regelrecht Angst. Es war ja ganz nett, hin und her zu diskutieren, ob die Zauberformel nun wirklich funktioniert oder nicht, aber der Gewinner steht doch jetzt eindeutig fest. Sollten wir nicht aufhören zu streiten, bevor noch jemand verletzt wird?

Aber ganz so schnell geht es dann doch nicht. Ja schon, die Beweise sind recht überzeugend, aber sie besagen ja nur, dass die Zauberformel in der Vergangenheit gut funktioniert hat. Woher wissen wir, ob sie auch in Zukunft gut funktioniert? Und da ich so eine große Plaudertasche bin, warum fangen dann nicht einfach alle an, sie zu benutzen? Würde das nicht alles ruinieren?

Das Wichtigste auf einen Blick:

1. Die Zauberformel funktioniert bei großen und kleinen Unternehmen.

2. Die Zauberformel wurde ausgiebig getestet. Die großen Erträge sind offensichtlich keine Glücksache.

3. Die Zauberformel sortiert die Aktien nach Leistung. Deshalb müsste es eigentlich immer eine Menge hoch eingestufter Aktien zur Auswahl geben. Die Zauberformel gibt unglaublich genau an, wie gut sich eine Gruppe von Aktien künftig entwickelt!

4. Im nächsten Kapitel müssen wir besprechen, ob die Zauberformel wohl weiterhin so großartige Ergebnisse liefert. (Wäre ja schön!)

KAPITEL ACHT

Ich gebe zu, dass ich von Geschichte nicht viel Ahnung habe.[1] Ich hätte wohl in der Schule besser aufpassen sollen. Aber es gibt einen Teil der Geschichte, der mich verblüfft. Ich habe nie richtig begriffen, wieso wir den Unabhängigkeitskrieg gewonnen haben. Da standen 13 kleine Kolonien gegen das mächtigste Land der Welt. England hatte die beste Marine, die stärkste Armee, das meiste Geld – und trotzdem errang unser abgerissener, heruntergekommener Haufen von Soldaten den Sieg. Wie war das möglich? Nun, ich habe da eine Theorie. Da meine geschichtlichen Kenntnisse begrenzt sind, weiß ich nicht, ob meine Theorie je genauer erforscht wurde. Auf jeden Fall sehe ich die Sache so, dass wir gewonnen haben, weil wir gegen einen Haufen vollkomener Idioten gekämpft haben!

Die Strategie der Briten ließ auf jeden Fall einiges zu wünschen übrig. Auf der einen Seite standen die britischen Soldaten, perfekt aufgereiht, in leuchtend roten Uniformen, und schossen auf Kommando gleichzeitig. Auf der anderen Seite waren unsere Leute, ein zusammengewürfelter, ungeordneter Haufen Soldaten, die sich hinter Felsbrocken und Bäumen versteckten und auf die schön hindrapierten roten Ziele schossen. Kein Wunder, dass wir gewonnen haben!

[1] Dafür kenne ich die alten Gags von Bob Newhart ganz gut.

Und jetzt kommt der Teil, den ich nicht verstehe. Ich kann mir nicht vorstellen, dass dies das erste Mal war, dass die britische Armee auf diese Art gekämpft hat. Damit will ich sagen, dass die britische Art zu kämpfen trotz meiner Meinung ja früher funktioniert haben muss. Ich frage mich bloß wie. So weit ich weiß, haben die das jahrhundertelang so gemacht, und das offensichtlich mit großem Erfolg. Aber der Plan, der in der Vergangenheit so gut funktioniert hatte, war eindeutig keine gute Strategie für die Zukunft. Die Briten mussten das auf schmerzhafte Weise erfahren.

Und wie steht es mit uns? Wir sind abmarschbereit und mit einem anscheinend guten Plan gerüstet. Wir haben eine sinnvolle Zauberformel, die in der Vergangenheit phänomenale Ergebnisse erbracht hat. Wir erwarten, dass wir damit auch in Zukunft großen Erfolg haben. Doch bevor wir uns anstellen, um unser Geld abzuholen, sollten wir vielleicht lieber noch über ein offensichtliches Problem nachdenken: Funktioniert unsere Strategie auch noch, wenn sie jeder kennt? Wenn wir darauf keine gute Antwort finden, werden wir eine genauso leichte Zielscheibe wie die Briten damals.

Dazu habe ich gleich eine gute Nachricht zu vermelden: Es gibt viele Fälle, in denen die Zauberformel nicht funktioniert. Ist das nicht toll? Tatsächlich entwickelt sich das Zauberformel-Portfolio durchschnittlich in fünf Monaten jedes Jahres schlechter als der Gesamtmarkt. Aber was sind schon Monate? Manchmal funktioniert die Zauberformel ein ganzes Jahr lang oder noch länger nicht. Und das ist noch besser!

Stellen Sie sich vor, Sie kaufen ein Buch, das Ihnen sagt, Sie sollen echtes Geld in eine Gruppe von Aktien investieren, deren Namen von einem Computer ausgespuckt wurden. Stellen Sie sich vor, Sie schauen monatelang oder gar jahrelang Tag für Tag aufmerksam zu, wie sich diese Aktien schlechter entwickeln als der Markt. Dann stellen Sie sich vor, Sie beschließen, dass es irgendwann einfach reicht. Nie mehr vertrauen Sie einem dämlichen Buch oder einem hirnlosen Computer. Sie krempeln die Ärmel hoch und forschen nach, was mit den Unternehmen los ist, die Sie gekauft haben. Und stellen Sie sich den Schrecken vor, wenn Sie feststellen, dass Sie viele der Unternehmen auf keinen Fall angerührt hätten, wenn Sie nur ein paar Minuten vor dem Kauf nachgeschaut hätten. Aber stellen Sie sich vor, am Ende würden Sie trotz der fürchterlichen Performance und den unangenehmen Aussichten für die Aktien, die Sie besitzen, beschließen, die Ratschläge des dämlichen Buches und des hirnlosen Computers doch zu befolgen!

Aber warum sollten wir uns um so etwas Sorgen machen? Schließlich funktioniert die Zauberformel ja. Das haben wir im vorigen Kapitel bewiesen! Wir werden richtig Geld verdienen, also warum sollten wir uns um Monate oder Jahre schlechter Performance Sorgen machen? Das klingt zwar gut, aber allein schon wenn man die Statistik der sehr erfolgreichen letzten 17 Jahre betrachtet, in denen wir die Zauberformel getestet haben, stellt sich heraus, dass es durchaus einigen Anlass zur Sorge gibt.

In fünf von zwölf Monaten lief das Zauberformel-Portfolio schlechter als der Gesamtmarkt. In Jahren ausgedrückt misslang es der Formel alle vier Jahre, den Markt zu übertreffen.[2] In einem von sechs Testzeiträumen brachte die Zauberformel mindestens

[2] Die Jahreserträge wurden von Januar 1988 bis Januar 1989, von Februar 1988 bis Februar 1989 und so weiter bis Ende 2002 berechnet. Insgesamt wurden 193 Ein-Jahres-Zeiträume untersucht.

zwei Jahre am Stück unterdurchschnittliche Ergebnisse. Während dieser wunderbaren 17 Jahre kam es sogar vor, dass die Zauberformel drei Jahre am Stück schlechter war als der Gesamtmarkt!

Meinen Sie, es wäre einfach, sich an eine Formel zu halten, die mehrere Jahre lang nicht funktioniert? Meinen Sie, es wäre die normale Reaktion zu sagen: „Ich weiß schon, das hat jetzt längere Zeit nicht geklappt" oder „Ich weiß, ich habe viel Geld verloren, aber bleiben wir eben bei dem, was wir angefangen haben!"? Ich kann Ihnen versichern, dass das nicht normal ist.

Nehmen wir als Beispiel den Autoren eines Investment-Buchs, das zum Bestseller wurde. Der Autor hatte für das Buch jahrzehntelang dutzende von Formeln und Methoden der Aktienauswahl getestet, weil er feststellen wollte, welche Strategien langfristig den Markt übertreffen. Das Buch war hervorragend und fundiert. Dann eröffnete der Autor einen Investmentfonds, der nur diejenigen Aktien kaufte, die von der erfolgreichsten der dutzenden von Formeln ausgewählt wurden, die er getestet hatte.

In zwei der ersten drei Jahre lief der Fonds schlechter als der Gesamtmarkt. In einem Jahr lag der Fonds 25 Prozent unter dem Gesamtmarkt. Nach drei Jahren stand der Fonds schlechter da als die Konkurrenz und der Bestsellerautor – der Mann, der die Formeln überprüft und das Buch geschrieben hatte – verkaufte seine Fondsgesellschaft an jemand anderen! Ehrlich gesagt glaube ich ja nicht, dass er seine Formel aufgegeben hat, aber er sah sicher an anderer Stelle größere Chancen. Aber wenn er gewusst hätte, dass sein Fonds, der ausschließlich nach seiner Formel gemanagt wurde, nach weiteren drei Jahren einer der Fonds mit der besten Performance seit Auflegung war (also einschließlich der schlimmen ersten Jahre), wäre er vielleicht länger dabeigeblieben!

Das ist nicht ungewöhnlich. Die unvorhersehbaren Launen von Mr. Market und der Konkurrenzdruck seitens anderer Geldverwalter können es einem wirklich schwer machen, bei einer Strategie zu bleiben, die über mehrere Jahre nicht funktioniert. Das gilt für alle Strategien, egal wie klug sie sind und wie gut ihre langfristigen Ergebnisse sind. Sehen wir uns doch einmal die Erfahrungen eines Freundes von mir an, der zufällig der beste Vermögensverwalter ist, den ich kenne. Er kauft zwar nicht automatisch die Aktien, die seine computerbasierte Formel ausspuckt, aber er befolgt ein diszipliniertes Auswahlverfahren und kauft ausschließlich Aktien, denen seine Formel vordere Plätze zuweist.

Zehn Jahre lang wendete er diese Stategie bei einer Investmentgesellschaft sehr erfolgreich an. Vor neun Jahren gründete er seine eigene Vermögensverwaltung und wollte den gleichen Grundsätzen folgen wie bisher. In den ersten drei oder vier Jahren liefen die Geschäfte nicht besonders gut, denn die Strategie, die in der Vergangenheit so erfolgreich gewesen war, hinkte dramatisch hinter den Erträgen konkurrierender Unternehmen und hinter dem Gesamtmarkt her. Trotzdem glaubte der beste Vermögensverwalter, den ich kenne, fest daran, dass seine Strategie langfristig immer noch überaus sinnvoll war und dass er weitermachen sollte wie bisher. Leider waren seine Klienten anderer Meinung. Die meisten von ihnen flüchteten. Sie holten sich ihr Geld zurück und gaben es höchstwahrscheinlich einem anderen Manager, der im Gegensatz zu meinem Freund „wusste, was er tat".

Wie Sie wohl schon erraten haben, hätten sie lieber bei ihm bleiben sollen. Die letzten fünf oder sechs Jahre waren so gut, dass die Investmentbilanz meines Freundes seit Auflegung (also wieder einschließlich der harten ersten Jahre) die Erträge des Gesamtmarktes im gleichen Zeitraum im Regen stehen lässt. Heute gehört sein Fonds zu der aus einer Hand voll Firmen bestehenden Spitzengruppe unter den Tausenden von Investmentgesellschaften, die es an der Wall Street gibt. Und als Beweis dafür, dass das Gute manchmal doch noch zu jenen kommt, die warten können, verwaltet mein Freund inzwischen für hunderte von Klienten ein Vermögen von mehr als zehn Milliarden Dollar. Zu schade, dass die meisten ursprünglichen Kunden wegen ein paar Jahren unterdurchschnittlicher Performance nicht abwarten wollten. Von seinen ursprünglichen Klienten sind meinem Freund nur vier geblieben.[3]

Und was will ich mit all dem sagen? Nun, wenn die Zauberformel jederzeit funktionieren würde, dann würde sie wahrscheinlich jeder benutzen. Wenn jeder sie benutzen würde, würde sie wahrscheinlich nicht mehr funktionieren. Es würden so viele Menschen die billigen Aktien kaufen, die die Zauberformel ausgewählt hat, dass der Kurs dieser Aktien sofort steigen würde. Das heißt, wenn alle die Formel benutzen würden, dann würden die Schnäppchen verschwinden und die Zauberformel wäre zerstört.

Deshalb ist es ein Glück, dass die Zauberformel gar nicht so großartig ist. Sie funktioniert nicht immer. Manchmal funktioniert sie jahrelang nicht. So lange warten die meisten Menschen nicht. Ihr Anlagehorizont ist zu kurzfristig. Wenn eine Strategie langfristig funktioniert (so dass sie unter Umständen erst nach

[3] Zum Glück gehöre ich dazu! (Als Freund musste ich ja wohl dabeibleiben.)

drei, vier oder gar fünf Jahren zeigt, was in ihr steckt), bleiben die wenigsten Menschen dabei. Wenn die Strategie ein oder zwei Jahre lang hinter dem Gesamtmarkt zurückbleibt (oder die Menschen so lange weniger Ertrag bekommen als ihre Bekannten), suchen sich die meisten Menschen lieber eine andere Strategie – meistens eine, die sich in den letzten paar Jahren bewährt hat.

Sogar professionellen Vermögensverwaltern, die an ihre langfristige Strategie glauben, fällt es schwer, dabeizubleiben. Wenn ihre Strategie mehrere Jahre lang im Vergleich zum Markt oder zur Konkurrenz schlecht läuft, verabschiedet sich der Großteil der Klienten und Investoren einfach. Deshalb ist es so schwer, sich an eine Strategie zu halten, die nicht mit den anderen konform geht. Wenn man als professioneller Manager eine schlechte Performance erzielt, während alle anderen eine gute Performance erzielen, läuft man Gefahr, erstens sämtliche Kunden und zweitens seinen Job zu verlieren.

Die meisten Manager sehen nur eine Möglichkeit, diese Gefahren zu umgehen – sie investieren weitgehend genauso wie alle anderen. Meist bedeutet das, dass sie die beliebtesten Unternehmen kaufen – Unternehmen, deren Aussichten für die nächsten paar Quartale oder für die nächsten ein bis zwei Jahre ganz gut aussehen.

Jetzt begreifen Sie vielleicht so langsam, warum die meisten anderen die Zauberformel nicht anwenden werden. So mancher wird einmal hereinschnuppern, aber die meisten steigen wieder aus, sobald die Performance ein paar Monate oder Jahre schlecht ist. So langsam begreifen Sie jetzt vielleicht auch, warum ich in Kapitel 1 so viel Wert auf die Frage des Glaubens gelegt habe. Wenn Sie nicht glauben, dass die Zauberformel bei

Ihnen funktioniert, geben Sie sie wahrscheinlich auf, bevor sie überhaupt die Chance hat zu funktionieren! Zumindest kann man das aus der Statistik der letzten 17 Jahre schließen. Die Zauberformel funktioniert – sie bringt doppelt und manchmal dreimal so viel Ertrag wie der Gesamtmarkt – nur dass dieser gute Ertrag gelegentlich ganz schön unregelmäßig kommt. Kurzfristig betrachtet funktioniert sie oder auch nicht. „Kurz" bedeutet bei dieser Zauberformel nicht Tage oder Monate, sondern unter Umständen Jahre. Deshalb – seltsam aber logisch – ist das eine gute Nachricht.

Eine gute Nachricht ist das aber nur dann, wenn Sie fest genug an die Zauberformel glauben, damit Sie sich auf lange Sicht daran halten können. Damit Sie bei einer Strategie bleiben können, die über mehrere Jahre nicht funktioniert hat, müssen Sie allerdings wirklich bis ins Mark an sie glauben. Die spektakuläre Erfolgsbilanz der Zauberformel mag Ihnen dabei helfen, aber wollen wir doch mal sehen, was Ihr Knochenmark zum nächsten Kapitel sagt.

Das Wichtigste auf einen Blick:

1. Auf lange Sicht funktioniert die Zauberformel offensichtlich sehr gut.

2. Häufig funktioniert die Zauberformel über mehrere Jahre nicht.

3. Die meisten Anleger wollen oder können nicht bei einer Strategie bleiben, die mehrere Jahre am Stück nicht funktioniert.

4. Wenn die Zauberformel bei Ihnen funktionieren soll, müssen Sie glauben, dass sie funktioniert und sich einen langfristigen Anlagehorizont zu eigen machen.

5. Wenn es dieses Kapitel nicht gäbe, wäre das nächste Kapitel das wichtigste des ganzen Buches.

KAPITEL NEUN

„Vomit Under The 3em-Spaces And Run!" [„Spuck unter die 3em-Spaces und hau ab!"]

Das ist doch einmal ein Spruch, den man nicht jeden Tag zu hören bekommt! Der Hauptgrund, weshalb man ihn kaum hört, ist banal. Dieser Satz hat mit der Zeit völlig seine Bedeutung verloren. Eigentlich habe ich ihn nur gebraucht, um in der achten Klasse einen Druckerei-Kurs zu bestehen.

Wie Sie vielleicht wissen, wurden früher in Druckereien die Typen von Hand gesetzt. Dazu nahm man die Lettern einzeln aus einer Kiste. Um den Kurs zu bestehen, mussten meine Mitschüler und ich uns merken, wo die einzelnen Buchstaben lagen. In der untersten Reihe waren die Buchstaben V-U-T, dann kam der so genannte „3-em-space" und dann die Buchstaben A-R. Wir merkten uns diese Reihenfolge mit dem griffigen Satz „Vomit Under The 3em-Spaces And Run!".

Nachdem inzwischen der Computer Einzug gehalten hat, ist meine Eselsbrücke jetzt genauso nutzlos wie der Druckerei-Kurs an sich. Seit meiner Schulzeit hat sich die Welt natürlich sehr verändert. Drucken als Schulfach gibt es nicht mehr, aber einige Fächer haben sich zum Glück nicht geändert. Der Mathematikunterricht hat sich beispielsweise kaum geändert. Als Anleger sollte man das unbedingt wissen.

Wenn uns die Zauberformel langfristig Geld bringen soll, müssen die Prinzipien, auf denen sie beruht, nämlich nicht nur sinnvoll und logisch sein, sondern sie müssen auch zeitlos sein. Andernfalls könnten wir nicht durchhalten, wenn die kurzfristigen Ergebnisse gegen uns stehen. So simpel es auch erscheinen mag – das Wissen, dass zwei plus zwei jederzeit vier ergibt, kann sich als mächtiges Konzept erweisen. Egal wie viele Menschen uns etwas anderes erzählen, egal wie lange sie uns das erzählen und egal wie klug all diese Menschen erscheinen mögen – sie bringen unsere Überzeugung schwerlich zum Wanken. So ähnlich ist es mit der Zauberformel: Die Stärke unseres Vertrauens in die Zauberformel entscheidet darüber, ob wir an einer Strategie festhalten können, die über relativ lange Zeiträume unpopulär und erfolglos sein kann.

Was ist an der Zauberformel logisch – so logisch, dass wir nicht ins Wanken geraten, wenn sich die Dinge gegen uns wenden? Werfen wir noch einmal einen Blick darauf.

Die Zauberformel sortiert Unternehmen. Unternehmen, die eine hohe Kapitalrendite und eine hohe Gewinnrendite haben, werden als beste eingestuft. Einfacher ausgedrückt ermöglicht uns die Formel die systematische Suche nach *überdurchschnittlichen Unternehmen*, die wir zu *unterdurchschnittlichen Preisen* kaufen können.

Das klingt auf jeden Fall logisch und vernünftig. Wenn es wirklich das ist, was wir tun, dann klingt das nach einer Strategie, an die wir wirklich glauben können. Gehen wir also Schritt für Schritt vor und sehen, ob das stimmt.

Erstens: Warum sind Unternehmen mit hoher Kapitalrendite so besonders? Welche Art von Unternehmen sollen wir laut

Formel kaufen? Was macht sie überdurchschnittlich? Um die Antworten auf diese Fragen zu verstehen, kommen wir noch einmal auf unseren alten Freund Jason zurück.

Sie erinnern sich vielleicht, dass Jasons Geschäfte im letzten Jahr ganz gut gelaufen sind. Jeder Kaugummiladen hat 200.000 Dollar Gewinn gebracht. Da er in den Aufbau jedes Ladens nur 400.000 Dollar investieren musste (einschließlich Lagerbestand, Auslagen etc.), betrug die Kapitalrendite der Eröffnung eines Kaugummiladens also beeindruckende 50 Prozent (200.000 Dollar geteilt durch 400.000 Dollar). Und was bedeutet das?

Die meisten Menschen und die meisten Unternehmen finden keine Investition, die einen Jahresertrag von 50 Prozent liefert. Wenn das vergangene Jahr als Orientierung dienen kann und Jasons Unternehmen mit seinem Geld wirklich 50 Prozent verdienen kann, indem es einfach einen neuen Laden eröffnet, dann ist „Jason's Gum Shops" schon ein ganz besonderes Unternehmen. Denken Sie einmal darüber nach. Man bekommt höchst selten die Chance, sein Geld so zu investieren, dass man einen Jahresertrag von 50 Prozent bekommt. Es gibt zwar keine Garantie dafür, dass Jasons neue Geschäfte (und seine alten Geschäfte) weiterhin eine 50-prozentige Rendite auf die Anfangskosten bringen, aber die hohe Rendite vom vergangenen Jahr könnte ein guter Anhaltspunkt dafür sein, dass die Investition in dieses Geschäft auch künftig hohe Erträge bringt.

Wenn dem so ist und „Jason's Gum Shops" aus seinen Investitionen in alte und neue Ladengeschäfte weiterhin hohe Renditen erntet, ist das für Jason wirklich erfreulich. Das bedeutet nämlich, dass Jasons Gewinne nicht untätig bleiben müssen. „Jason's Gum Shops" könnte zwar durchaus hingehen und in

Staatsanleihen zu sechs Prozent investieren, aber es gibt eine viel bessere Möglichkeit. Das Unternehmen kann den Gewinn nehmen und in neue Läden investieren. Somit bringt nicht nur die anfängliche Investition in den ersten Laden eine Rendite von 50 Prozent, sondern „Jason's Gum Shops" kann den Gewinn aus dem ersten Geschäft in ein neues Geschäft stecken, das ebenfalls 50 Prozent pro Jahr abwerfen könnte!

Die Möglichkeit, Gewinne zu hohen Ertragsraten zu investieren, ist sehr viel wert. Wenn „Jason's Gum Shops" zum Beispiel im vergangenen Jahr 200.000 Dollar Gewinn erzielt hat, ergeben sich für Jason mehrere Möglichkeiten. Er kann das Geld unter den Aktionären seines Unternehmens verteilen (und die Aktionäre können das Geld nach Belieben investieren). Wenn sich die Geschäfte im nächsten Jahr nicht wesentlich ändern, macht „Jason's Gum Shops" wieder 200.000 Dollar Gewinn. Das wäre schon ein schönes Ergebnis.

Wenn „Jason's Gum Shops" aber hingeht und die 200.000 Dollar Gewinn in Staatsanleihen zu sechs Prozent anlegt (3,6 Prozent nach Abzug von 40 Prozent Steuern), verdient „Jason's Gum Shops" im nächsten Jahr 207.000 Dollar (200.000 Dollar mit dem Laden und 7.200 Dollar nach Steuer aus Anleihenzinsen). Damit wäre der Gewinn zwar größer als im Vorjahr, aber ein sehr großes Gewinnwachstum wäre das nicht.

Aber jetzt kommt das große Geld: Wenn Jason die 200.000 Dollar Gewinn hernimmt und in einen neuen Laden mit 50 Prozent Jahresrendite investiert,[1] schwillt der Gewinn von „Jason's Gum Shops" im nächsten Jahr auf 300.000 Dollar an (200.000 Dollar aus dem ersten Laden und zusätzlich 100.000 Dollar aus der Investition in den neuen Laden). Die Steigerung von

[1] In diesem Beispielfall gehen wir davon aus, dass man in ein halbes Geschäft investieren kann (ein neues Geschäft kostet in Wirklichkeit trotzdem 400.000 Dollar).

200.000 Dollar Gewinn im letzten Jahr auf 300.000 Dollar Gewinn im nächsten Jahr bedeutet ein Gewinnwachstum von 50 Prozent in einem Jahr. Also: Wenn man ein Unternehmen besitzt, das die Möglichkeit hat, seinen Gewinn ganz oder teilweise zu hohen Renditen zu investieren, kann das zu einer sehr hohen Gewinnwachstumsrate führen.

Jetzt wissen wir also zwei wichtige Dinge über Unternehmen, die hohe Kapitalrenditen erzielen können. Erstens haben Unternehmen mit hohen Kapitalrenditen häufig auch die Möglichkeit, ihren Gewinn mit sehr hohem Ertrag zu investieren. Da die meisten Personen und Unternehmen ihr Geld nur zu durchschnittlichen Ertragsraten anlegen können, ist diese Möglichkeite etwas Besonderes. Zweitens haben wir gerade gelernt, dass die Möglichkeit, hohe Kapitalrenditen zu erzielen, auch zu schnellem Gewinnwachstum führen kann. Das lässt für die Unternehmen, die von der Zauberformel ausgewählt werden, nur Gutes erwarten.

Eine Frage stellt sich aber immer noch: Wenn Jasons Unternehmen mit der Eröffnung eines Kaugummiladens 50 Prozent pro Jahr verdienen kann, wieso erkennen das nicht auch andere Menschen und eröffnen ihre eigenen Kaugummiläden?

Dadurch würde „Jason's Gum Shops" mehr Konkurrenz bekommen. Mehr Konkurrenz könnte bedeuten, dass Jason in seinen Geschäften weniger Kaugummis verkauft. Mehr Konkurrenz könnte bedeuten, dass Jason seine Preise senken muss, um die Kunden zu locken. Mehr Konkurrenz könnte bedeuten, dass jemand ein besseres Kaugummigeschäft aufmacht. Kurz gesagt kann mehr Konkurrenz bedeuten, dass „Jason's Gum Shops" künftig weniger Gewinn erzielt.

Genau so funktioniert unser kapitalistisches System. Gute Unternehmen ziehen Konkurrenz an. Es könnte sein, dass Konkurrenzläden eröffnet werden und die Kapitalrendite eines Jason-Ladens auf 40 Prozent drücken. Aber damit ist die Bedrohung der künftigen Gewinne noch nicht zu Ende. Eine 40-prozentige Kapitalrendite auf die Eröffnung eines Kaugummiladens ist immer noch ziemlich gut. Vielleicht finden viele Menschen 40 Prozent Jahresrendite aus der Eröffnung eines Kaugummiladens sehr verlockend und sie eröffnen ihre eigenen Kaugummiläden. Aufgrund der wachsenden Konkurrenz könnte die Rendite von Neueröffnungen auf 30 Prozent pro Jahr fallen.

Aber auch das ist noch nicht das Ende der Fahnenstange. Ein Investitionsertrag von 30 Prozent im Jahr ist immer noch gut. Es könnte passieren, dass die wachsende Konkurrenz die künftige Kapitalrendite von neuen und bestehenden Geschäften immer weiter sinken lässt. Das kapitalistische Prinzip könnte dazu führen, dass sich die Abwärtsspirale der Gewinne so lange fortsetzt, bis die jährliche Kapitalrendite von Kaugummiläden gar nicht mehr so toll ist. Ein hartes System!

Aber jetzt kommt's. Wenn das kapitalistische System so hart ist, wieso sucht uns die Zauberformel dann vor allem Unternehmen, die mit ihrem Kapital hohe Renditen erzielen? Wenn es ein Unternehmen auch nur ein Jahr lang schafft, hohe Kapitalrenditen zu erzielen, dann muss an den Geschäften des Unternehmens zumindest vorübergehend irgendetwas Besonderes sein. Andernfalls hätte die Konkurrenz die Kapitalrendite schon auf ein niedrigeres Niveau gedrückt.

Es könnte sein, dass das Geschäftsmodell des Unternehmens relativ neu ist (etwa ein Süßwarenladen, der ausschließlich Kaugummi führt), dass das Produkt neu ist (zum Beispiel ein angesagtes Videospiel), dass das Produkt besser ist als andere (etwa der „iPod“, der kleiner und leichter zu bedienen ist als Konkurrenzprodukte), dass der Markenname stark ist (die Menschen bezahlen für „Coca-Cola“ liebend gern mehr als für „Joe's Cola“, so dass „Coca-Cola“ weiterhin mehr Geld verlangen kann als „Joe's Cola“ und trotz der Konkurrenz eine höhere Kapitalrendite erzielt) oder dass ein Unternehmen eine äußerst gute Wettbewerbsposition hat. („Ebay“ war eine der ersten Auktions-Websites und hat mehr Käufer und Verkäufer als alle anderen, so dass es neuen Auktions-Sites schwer fällt, ihren Kunden den gleichen Nutzen zu bieten.)

Kurz gesagt haben Unternehmen, die hohe Kapitalrenditen erzielen, meist irgendeinen speziellen Vorteil. Dank dieses speziellen Vorteils können Mitbewerber die Fähigkeit, überdurchschnittliche Gewinne zu erzielen, nicht zerstören.

Unternehmen, die keine Besonderheit für sich verbuchen können (neue oder bessere Produkte, bekannte Marken oder eine gute Wettbewerbsposition), erzielen meistens nur durchschnittliche oder gar unterdurchschnittliche Kapitalrenditen. Wenn an den Geschäften eines Unternehmens nichts Besonderes ist, können andere problemlos hingehen und Konkurrenzunternehmen gründen. Wenn ein Unternehmen hohe Kapitalrenditen erzielt und es leicht ist, mit ihm in Konkurrenz zu treten, dann wird es irgendwann auch jemand tun! Die Konkurrenz arbeitet so lange, bis die Kapitalrendite auf durchschnittliches Niveau gesunken ist.

Aber die Zauberformel wählt ja keine Unternehmen mit durchschnittlichen Kapitalrenditen aus. Und Unternehmen mit unterdurchschnittlichen Kapitalrenditen wählt sie auch nicht aus. (Es ist unwahrscheinlich, dass Unternehmen wie „Just Broccoli" auch nur ein Jahr lang hohe Kapitalrenditen ernten.) Da die Zauberformel Unternehmen mit normaler oder geringer Kapitalrendite ausschließt, wählt sie eine Gruppe von Unternehmen mit hoher Kapitalrendite aus.

Natürlich können manche Unternehmen, die die Zauberformel auswählt, ihre hohe Kapitalrendite nicht halten. Wir haben ja gerade gelernt, dass Unternehmen mit hohen Kapitalrenditen Mitbewerber anziehen. Und selbst mittelmäßige Unternehmen können ein oder zwei gute Jahre haben und zeitweise hohe Kapitalrenditen erzielen. Im Durchschnitt jedoch ist es bei Unternehmen mit hoher Kapitalrendite, die von der Zauberformel ausgewählt werden, wahrscheinlicher, dass sie ihre Gewinne teilweise mit hoher Kapitalrendite reinvestieren können. Sie sind wahrscheinlich eher in der Lage, hohe Gewinnwachstumsraten zu erzielen. Und sie haben mit höherer Wahrscheinlichkeit irgendeinen besonderen Wettbewerbsvorteil, der es ihnen ermöglicht, auch künftig überdurchschnittliche Kapitalrenditen zu erzielen.

Anders formuliert: Im Durchschnitt findet die Zauberformel gute Unternehmen! Und was macht die Zauberformel dann mit der Gruppe guter Unternehmen? Sie versucht sie zu Schnäppchenpreisen zu kaufen! Die Formel wählt ausschließlich gute Unternehmen aus, die auch eine hohe Gewinnrendite haben. Eine hohe Gewinnrendite bedeutet, dass man laut Formel nur Unternehmen kauft, die im Verhältnis zu ihrem Preis viel Gewinn erzielen.

Hmm, überdurchschnittliche Unternehmen zu unterdurchschnittlichen Preisen kaufen ... das klingt, als müsste es funktionieren. Aber was sagt Ihr Knochenmark dazu?

Das Wichtigste auf einen Blick:

1. Die meisten Personen und Unternehmen finden keine Investments, die hohe Erträge abwerfen. Unternehmen, die mit ihrem Kapital hohe Renditen erzielen, sind deshalb etwas Besonderes.

2. Unternehmen mit hoher Kapitalrendite haben eventuell auch die Möglichkeit, ihre Gewinne ganz oder teilweise zu hohen Ertragssätzen zu investieren. Diese Möglichkeit ist sehr viel wert. Sie kann zu hohem Gewinnwachstum führen.

3. Unternehmen mit hoher Kapitalrendite haben häufig irgendeinen besonderen Vorteil. Dieser spezielle Vorteil verhindert, dass die Konkurrenz ihre Fähigkeit zunichte macht, überdurchschnittliche Gewinne zu erzielen.

4. Indem die Zauberformel Unternehmen mit normalen oder geringen Kapitalrenditen ausschließt, findet sie zuerst eine Gruppe von Unternehmen mit überdurchschnittlicher Kapitalrendite. Und dann versucht sie, diese überdurchschnittlichen Unternehmen zu unterdurchschnittlichen Preisen zu kaufen.

5. Da die Zauberformel absolut sinnvoll erscheint, sollten wir es eigentlich schaffen, uns in guten wie in schlechten Zeiten daran zu halten.

Und schließlich:

6. Wenn Sie schon unter die 3em-Spaces spucken müssen, vergessen Sie nicht, schnell abzuhauen!

KAPITEL ZEHN

Ich segle gerne. Ich kann nicht besonders gut segeln. Ich weiß das nicht nur, weil meine Frau und meine Kinder Angst davor haben, mit mir zu segeln, sondern aus harter Erfahrung. Als ich einmal den Wind und die Strömung falsch eingeschätzt hatte, schrammte ich kaum zehn Meter daran vorbei, von einem Schiff zermalmt zu werden, das mindestens drei Fußballplätze lang war. Ich erinnere mich noch sehr gut daran, denn meine Frau (die Boote sowieso hasst) war an Bord und ich zog ständig das Starterseil meines kleinen 5-PS-Außenbordmotors (das verflixte Ding funktioniert nie, wenn man es wirklich einmal braucht), während das Schiff sein Horn ertönen ließ, damit ich ausweichen sollte. Normalerweise haben Segelboote Vorfahrt vor Motorbooten, aber da Kähne mit neun Milliarden Pfund Gewicht nicht ganz so schnell steuern können, springt die Vorfahrt gewissermaßen um (das sollte man sich für den Fall der Fälle merken). Da stand ich also, zog immer wieder vergeblich das Starterseil und versuchte so zu tun, als hätte ich alles im Griff (damit die letzten Worte meiner Frau nicht sein würden „Ich hasse dieses bescheuerte Boot"), da kam endlich ein Windstoß und wir konnten aus der Gefahr heraussegeln.

Ich erzähle diese Geschichte nicht etwa, weil ich gern allein segeln würde. In Wirklichkeit segle ich gern in Gesellschaft (am liebsten in mutiger oder blinder Gesellschaft). Ich erzähle sie vielmehr, weil ich gern segle, obwohl ich kein guter Segler bin. Genauso geht es nämlich vielen Menschen mit der Börse. Sie können vielleicht nicht besonders gut investieren oder wissen nicht, ob sie es können, aber irgendetwas an der ganzen Sache macht ihnen eben Spaß.

Es könnte sein, dass die Verwendung einer Zauberformel manchen dieser Menschen teilweise den Spaß nimmt. Ich kann das verstehen. Es gibt auch Menschen die gut Aktien auswählen können beziehungsweise könnten – auch ohne Zauberformel. Das ist natürlich auch in Ordnung. Das nächste Kapitel soll beiden Gruppen von Menschen eine Ahnung davon vermitteln, was sie wissen sollten, wenn sie erfolgreich auf eigene Faust Aktien auswählen wollen. Es soll außerdem zeigen, wie man die Prinzipien, die hinter der Zauberformel stehen, bei einzelnen Anlageentscheidungen als Orientierung benutzen kann. Doch bevor man entscheidet, ob man mit oder ohne Zauberformel investieren will, muss man noch einige andere Dinge wissen.

Erstens ist die Erfolgsbilanz der Zauberformel noch besser, als ich bisher habe durchblicken lassen. Ich habe das bis jetzt aus gutem Grund verheimlicht. Sie sollten die Zauberformel nämlich nicht wegen ihrer guten Erfolgsbilanz benutzen. Sie erzielen Ihre guten künftigen Ergebnisse nicht wegen einer guten Erfolgsbilanz. Sie halten sich nicht wegen der guten Erfolgsbilanz standhaft an die Zauberformel, auch wenn sich ihre Ergebnisse gegen Sie wenden. In Wirklichkeit hilft einem die gute Erfolgsbilanz nur zu begreifen, weshalb die Erfolgsbilanz so gut ist. Und da Sie das inzwischen begriffen haben – eben dass die Zauberformel absolut logisch ist –, kann ich sicher sein, dass Sie durch weitere gute Nachrichten nicht abheben.

Sie erinnern sich: Wir haben die Zauberformel über einen vor kurzem abgeschlossenen 17-Jahres-Zeitraum getestet. Anhand der Zauberformel haben wir jeweils ein Portfolio von ungefähr 30 Aktien ausgewählt und gehalten, wobei jede Auswahl ein Jahr lang gehalten wurde. Dann wurde die Performance über 193 Ein-Jahres-Zeiträume berechnet.[1]

Die Aktienauswahl der Zauberformel übertrifft normalerweise den Gesamtmarkt, aber es gibt Zeiträume über ein, zwei und sogar drei Jahre, in denen das nicht der Fall ist. Daraus entsteht die Gefahr, dass Anleger die Formel schon aufgeben, bevor sie überhaupt die Chance hatte, ihre Zauberkraft zu entfalten.

Wie schon erwähnt liefen die von der Zauberformel ausgewählten Aktienportfolios jeweils in einem von vier getesteten Jahren schlechter als die Indizes. Wenn man sich zwei Jahre lang ununterbrochen an die Zauberformel hielt (beginnend in einem beliebigen Monat im Laufe der betrachteten 17 Jahre) blieb die Zauberformel jeweils in einem von sechs überprüften Zeiträumen hinter dem Gesamtmarkt zurück. Das klingt vielleicht gar nicht schlimm, aber vergessen Sie nicht, dass es wirklich schwer auszuhalten ist, zwei Jahre lang ständig unter dem Durchschnitt zu bleiben. Aber jetzt kommt die gute Nachricht: Wenn man die Formel drei Jahre lang befolgt, schlägt sie die

[1] Es wurde die Performance von Januar 1988 bis Januar 1989 gemessen, dann von Februar 1988 bis Februar 1989, von März 1988 bis März 1989 und so weiter, so dass sich bis zum 31. Dezember 2004 genau 193 Ein-Jahres-Zeiträume ergeben. Man bezeichnet das als 193 rollierende Ein-Jahres-Zeiträume. Wenn man rollierende Drei-Jahres-Zeiträume messen wollte, würde man die Performance von Januar 1988 bis Januar 1991 messen, von Februar 1988 bis Februar 1991 und so weiter.

Indizes in 95 Prozent der Fälle (in 160 der 169 getesteten Drei-Jahres-Zeiträume)![2]

Und das ist noch nicht alles. Wenn man die Zauberformel immer drei Jahre lang befolgt hätte, hätte man *nie* Geld verloren. Das stimmt wirklich. Wenn man in den letzten 17 Jahren in einem beliebigen Drei-Jahres-Zeitraum die Zauberformel benutzt hätte, hätte man in 100 Prozent der Fälle (169 von 169) Geld damit verdient.[3]

Der schlechteste Ertrag, den die Zauberformel in den 169 Drei-Jahres-Zeiträumen brachte, betrug elf Prozent. Der schlechteste Ertrag, den der Gesamtmarkt in den betrachteten Drei-Jahres-Zeiträumen brachten, betrug minus 46 Prozent. Ein ganz schöner Unterschied!

Aber das ist immer noch nicht alles. Alle Zahlen, die Sie bislang gelesen haben, beruhen auf den Ergebnissen, die man erzielt, wenn man die Zauberformel nur unter den 1.000 größten Aktien (mit einer Marktkapitalisierung von mehr als einer Milliarde Dollar) auswählen lässt. Wenn man auf die 3.500 größten Unternehmen zurückgreift (Marktwert über 50 Millionen Dollar), bringen Aktiengruppen, die man als Privatanleger im Allgemeinen kaufen kann, noch bessere Ergebnisse. Alle getesteten Drei-Jahres-Zeiträume (169 von 169) brachten positive Resultate und in allen Drei-Jahres-Zeiträumen (169 von 169) übertraf das Portfolio der Zauberformel den Gesamtmarkt. Das

[2] Es wurden weniger Drei-Jahres-Zeiträume als Ein-Jahres-Zeiträume getestet, weil der letzte Drei-Jahres-Zeitraum im Betrachtungszeitraum im Januar 2002 beginnt und am 31. Dezember 2004 endet. Der letzte Ein-Jahres-Zeitraum beginnt dagegen im Januar 2004.

[3] Das heißt, dass die Zauberformel-Portfolios in dem 17-jährigen Testzeitraum auch dann noch Gewinn brachten, wenn sie den Markt nicht übertrafen.

stimmt wirklich. *Die Zauberformel hat den Markt in jedem einzelnen Zeitraum geschlagen!* Vielleicht ist an der Zauberformel ja tatsächlich etwas dran![4]

Können wir tatsächlich ohne großes Risiko mit derart großartigen Ergebnissen rechnen? Nun ja, das kommt häufig darauf an, wie man das Risiko betrachtet.[5]

In den vergangenen 50 Jahren haben Professoren aus dem Finanzbereich zwar interessante Möglichkeiten erfunden, wie man die Risiken von Investmentstrategien messen oder vergleichen kann, aber in den meisten Fällen wird dabei das Risiko in einer Form gemessen, die für Sie eigentlich keine Bedeutung haben dürfte. Das gilt vor allem, wenn Sie beschließen, mit einem wahrhaft langfristigen Anlagehorizont zu investieren. Man muss die Dinge ja nicht unnötig kompliziert machen – was das Risiko angeht, muss man über eine Investmentstrategie hauptsächlich zwei Dinge wissen:

1. Wie groß ist das Risiko, dass man mit dieser Strategie langfristig Geld verliert?
2. Wie groß ist das Risiko, dass die gewählte Strategie auf lange Sicht schlechtere Ergebnisse bringt als Alternativstrategien?

Und wie schlägt sich die Zauberformel wohl gemäß dieser Definition von Risiko? Da es sehr einfach ist, eine Investment-

[4] Der schlechteste Drei-Jahres-Ertrag, der aus der Auswahl mithilfe der Zauberformel aus 3.500 Aktien resultiert, beläuft sich auf 35 Prozent Gewinn. Der Gesamtmarkt bescherte im schlechtesten Drei-Jahres-Zeitraum einen Verlust von 45 Prozent.

[5] Allerdings steht die Zauberformel in diesem Fall immer supergut da, egal auf welche Art man das Risiko bestimmt.

strategie zu verfolgen, die den gleichen Ertrag wie der Gesamtmarkt bringt[6] (auch wenn die meisten professionellen Investoren schlechtere Ergebnisse als der Gesamtmarkt erzielen, dazu kommen wir noch), können wir zumindest diese beiden einfachen Strategien miteinander vergleichen. Wollen wir doch mal sehen ...

In unserem Betrachtungszeitraum hat sich die Strategie der Zauberformel im relativ kurz gewählten Zeitrahmen von drei Jahren verflixt gut bewährt. Die Zauberformel lieferte weitaus höhere Erträge als der Gesamtmarkt. Die Zauberformel bescherte *keinerlei* Verlust.[7]

Die Strategie der Zauberformel übertraf den Gesamtmarkt in fast allen überprüften Ein-Jahres-Zeiträumen. Kurz gesagt brachte die Zauberformel bessere Ergebnisse bei geringerem Risiko als der Gesamtmarkt.

Zwar zahlte es sich in unserem Testzeitraum schon aus, wenn man sich nur drei Jahre lang an die Zauberformel hielt, aber das muss nicht immer so sein. Sogar bei sehr guten Anlagestrategien kann es sehr lange dauern, bis sie zeigen, was wirklich in ihnen steckt. Wenn eine Anlagestrategie wirklich logisch und sinnvoll ist, steigen mit wachsendem Zeithorizont die Erfolgschancen. Ideal sind Zeiträume von 5, 10, 15 oder gar 20 Jahren.

[6] Zum Beispiel indem man in einen Indexfonds oder einen Exchange Traded Fund (ETF) investiert.

[7] Der Gesamtmarkt brachte in zwölf Prozent der getesteten Drei-Jahres-Zeiträume Verlust. Doch obwohl die Erfolgsquote der Zauberformel im Betrachtungszeitraum 100 Prozent beträgt, wird sie mit an Sicherheit grenzender Wahrscheinlichkeit in Zukunft in manchen Zeiträumen auch negative Ergebnisse liefern.

Auch wenn es nicht leicht fällt – mit einem Anlagehorizont für Ihre Aktienanlagen von drei bis fünf Jahren dürften Sie den meisten anderen Investoren weit überlegen sein. Das ist auch der Minimalzeitraum, ab dem sich die Risiken und Resultate unterschiedlicher Investmentstrategien vergleichen lassen.

Wir wissen jetzt zwar ziemlich genau, wie mächtig und risikoarm die Zauberformel tatsächlich ist, aber bevor wir zum nächsten Kapitel kommen, müssen wir zuerst noch ein Problem lösen. Es hat etwas mit unserem alten Freund Mr. Market zu tun und auch der Zeithorizont spielt dabei eine wichtige Rolle.

Aus der Erzählung über die erste Stunde im Wirtschaftsseminar (Kapitel 4) erinnern Sie sich vielleicht noch daran, dass der ständig wechselnde Gemütszustand von Mr. Market für die billigen Kaufgelegenheiten verantwortlich ist, die die Zauberformel zu unserem Vorteil nutzt. Aber genau diese wechselhaften Emotionen schaffen auch ein Problem: Wenn Mr. Market so wankelmütig ist, wie können wir da sicher sein, dass er irgendwann für unsere Schnäppchen tatsächlich einen angemessenen Preis bezahlt? Wenn wir nicht irgendwann von Mr. Market einen fairen Preis bekommen, bleibt das Schnäppchen womöglich bis in alle Ewigkeit ein Schnäppchen (oder Schlimmeres, vielleicht wird es sogar noch billiger).

Deshalb gibt es noch etwas, was Sie über Mr. Market unbedingt wissen müssen:

- Kurzfristig benimmt sich Mr. Market wie ein extrem emotional gesteuerter Mensch, der Aktien zu extrem niedrigen oder extrem überhöhten Preisen kauft beziehungsweise verkauft.

- Auf lange Sicht sieht es aber ganz anders aus: Mr. Market trifft irgendwann den richtigen Preis.

Ja, so ist das. Langfristig betrachtet ist Mr. Market in Wirklichkeit ein höchst rationaler Typ. Es kann ein paar Wochen oder ein paar Monate dauern, nicht selten auch ein paar Jahre, aber am Ende bezahlt Mr. Market einen fairen, angemessenen Preis für unsere Aktien. Meinen MBA-Studenten gebe ich zu Semesterbeginn immer eine Garantie. Ich garantiere ihnen, dass Mr. Market am Ende mit ihnen übereinstimmt, wenn sie ein Unternehmen richtig bewertet haben. Auch wenn es manchmal etwas länger dauern kann, sage ich ihnen, dass sie nur zwei bis drei Jahre zu warten brauchen, dann belohnt Mr. Market ihre Schnäppchenkäufe mit einem fairen Preis – falls ihre Analyse korrekt war.

Aber wie kann das sein? Mr. Market ist doch ein emotionaler Windbeutel, oder? Nun stimmt es zwar, dass sich Mr. Market kurzfristig häufig von Emotionen beherrschen lässt, aber im Laufe der Zeit gewinnen Fakten und die Realität die Oberhand. Wenn ein übertrieben emotionaler Mr. Market den Kurs einer Aktie kurzfristig unangemessen tief nach unten drückt (das kann zum Beispiel passieren, wenn ein Unternehmen schlechte Meldungen veröffentlicht oder wenn mit schlechten Meldungen zu rechnen ist), können mehrere Dinge passieren.

Erstens gibt es ja eine Menge kluger Menschen. Wenn der Preis, den Mr. Market anbietet, wirklich ein Spottpreis ist, dann erkennen einige kluge Menschen irgendwann das Schnäppchen, kaufen Aktien und verschieben dadurch den Kurs in Richtung der fairen Bewertung. Das passiert allerdings nicht sofort. Manchmal hält die Unsicherheit über die Aussichten eines bestimmten Unternehmens die potenziellen Käufer vom tatsächlichen Kauf ab. Manchmal hält die Wirkung der Emotionen jahrelang an. Aber jetzt kommen wir zum entscheidenden Punkt: Irgendwann löst sich das Problem oder der Anlass für die Emotionen auf. Die Lösung kann positiv oder negativ ausfallen. Das ist eigentlich nicht von Belang. Wenn über die Gewinne eines Unternehmens in den kommenden zwei oder drei Jahren Unsicherheit herrscht, dann finden wir die Antwort am Ende auf jeden Fall heraus, wenn wir lange genug abwarten (und wenn es die vollen zwei oder drei Jahre dauert!). Sobald die wahre Situation erkennbar ist, greifen die klugen Investoren zu, falls die Schnäppchengelegenheit immer noch besteht.

Wenn zweitens nicht einmal die so genannten „klugen" oder „schlauen" Menschen das Schnäppchen als solches erkennen und Aktien kaufen, gibt es trotzdem Möglichkeiten, wie sich der Aktienpreis auf die angemessene Bewertung zubewegen kann. Häufig kaufen Unternehmen ihre eigenen Aktien zurück. Wenn ein Unternehmen seine Aktien für unterbewertet hält, kann die Unternehmensleitung zu dem Schluss kommen, dass der Kauf der eigenen Aktien mit eigenem Geld eine sinnvolle Investition ist.[8]

Somit trägt der Rückkauf von Aktien ebenfalls zur Kurssteigerung bei und beseitigt unter Umständen die Chance auf ein Aktienschnäppchen.

[8] Damit reduziert sich zwar der Bargeldbestand des Unternehmens, aber auch die Anzahl der umlaufenden Aktien sinkt dadurch. Wenn sich der Besitz eines Unternehmens auf weniger Anteile verteilt, besitzt jeder Aktionär einen größeren Anteil an dem Unternehmens als zuvor.

Und wenn das nicht funktioniert, gibt es noch viele andere Möglichkeiten, wie der Preis zur angemessenen Bewertung hin tendieren kann. Sie erinnern sich sicher, dass eine Aktie einen Besitzanteil an einem real existierenden Unternehmen darstellt. Wenn man sämtliche umlaufenden Aktien kaufen würde, dann würde einem das ganze Unternehmen gehören. Wenn eine Aktie zu lange unterbewertet bleibt, kann es passieren, dass ein anderes Unternehmen oder eine große Investmentgesellschaft beschließt, ein Angebot für sämtliche Aktien des Unternehmens zu machen und das Unternehmen komplett zu kaufen. Manchmal lässt allein schon die Möglichkeit, dass ein Käufer für das gesamte Unternehmen auftreten könnte, den Aktienkurs in Richtung der angemessenen Bewertung steigen.

Mit der Zeit bewegt sich also aufgrund des Zusammenwirkens der genannten drei Faktoren – kluge Investoren auf Schnäppchensuche, Unternehmen, die ihre eigenen Aktien zurückkaufen und die Übernahme beziehungsweise mögliche Übernahme eines Unternehmens – der Aktienkurs auf die faire Bewertung zu. Manchmal geschieht das sehr schnell und manchmal dauert das mehrere Jahre.

Kurzfristig betrachtet setzt Mr. Market die Preise durchaus emotional fest, aber auf lange Sicht ist für Mr. Market der Wert des Unternehmens das Wichtigste. Das heißt, wenn Sie Aktien zu einem Preis kaufen, der Ihrer Meinung nach günstig ist, stimmt Ihnen Mr. Market irgendwann zu und bietet Ihnen an, die Aktien zu einem angemessenen Preis zu kaufen. Das bedeutet, dass Schnäppchenkäufe belohnt werden. Das geht zwar nicht immer schnell, aber normalerweise schafft es Mr. Market innerhalb von zwei bis drei Jahren, den richtigen Preis zu finden.

So, jetzt haben wir alle guten Nachrichten hinter uns. Dann wollen wir doch einmal sehen, ob wir durch das nächste Kapitel segeln können, ohne irgendwo anzustoßen.

Das Wichtigste auf einen Blick:

1. Die Zauberformel funktioniert. Sie funktioniert sogar besser, als ich bisher zugegeben habe.

2. Die Zauberformel erbringt ihre weit überlegenen Ergebnisse mit geringerem Risiko als der Gesamtmarkt.

3. Auch wenn Mr. Market die Aktienkurse kurzfristig emotional gestaltet – langfristig orientiert er sich bei der Preisbildung am tatsächlichen Wert der Aktien.

4. Wenn Sie es nicht geschafft haben, unter die 3em-Spaces zu spucken, gehen Sie wenigstens mit mir segeln!

KAPITEL ELF

Also gut, die Zauberformel ist nichts für Sie. Die hohen Erträge, das geringe Risiko, die Einfachheit, die Logik – all das bedeutet Ihnen nichts. Sie wollen – eigentlich: Sie müssen – die Aktien ganz allein auswählen. Dabei soll Ihnen nichts in die Quere kommen, schon gar keine blödsinnige Formel. Sie stehen sozusagen schon auf dem Fenstersims und mit Reden kann man Sie nicht mehr von dort herunterholen. Kein Problem. Ich habe schon verstanden, alles klar. Aber denken Sie dabei bitte an etwas, das ich an anderer Stelle geschrieben habe:

Wenn man einzelne Aktien auswählen will, ohne zu wissen, wonach man eigentlich sucht, dann kann man genauso gut mit einem brennenden Streichholz in der Hand durch eine Dynamitfabrik rennen. Das überlebt man vielleicht schon, aber man ist trotzdem ein Idiot.

Also, wie kann man auf intelligente Weise Aktien auswählen? Wonach sollte man suchen? Selbst wenn Sie beschlossen haben, sich nicht an die Zauberformel zu halten, wie können Sie sie dennoch benutzen, um zu verhindern, sich selbst in die Luft zu sprengen? Gut, dass Sie gefragt haben. Mal sehen.

Wie wir wissen, pickt die Zauberformel Aktien heraus, die sowohl eine hohe Gewinnrendite als auch eine hohe Kapitalrendite haben. Im Hinblick auf die Gewinnrendite sucht die Formel nach Aktien, die im Verhältnis zu dem Preis, den wir dafür bezahlen, viel Gewinn erzielen. Im Hinblick auf die Kapitalrendite sucht die Formel nach Aktien, die im Verhältnis zu dem Preis, den das Unternehmen für die Vermögenswerte bezahlt, aus denen seine Gewinne stammen, viel Gewinn erzielen. Die Zauberformel verwendet bei der Berechnung dieser beiden Verhältnisse keine künftigen Gewinne. Das wäre nämlich zu schwierig. Die Zauberformel verwendet die Gewinne vom letzten Jahr.

Das Komische daran ist, dass das ja eigentlich falsch klingt. Der Wert eines Unternehmens beruht darauf, wie viel es in Zukunft verdient, und nicht darauf, was in der Vergangenheit passiert ist. Wenn ein Unternehmen im letzten Jahr zwei Dollar Gewinn pro Aktie gemacht hat, in diesem Jahr aber nur einen Dollar und in Zukunft noch weniger Gewinn macht, dann ist die Berechnung der Gewinnrendite und der Kapitalrendite irreführend. Und doch macht die Zauberformel genau das!

Die kurzfristigen Aussichten der Unternehmen, die die Zauberformel auswählt, sind oft tatsächlich nicht besonders gut. In vielen Fällen sind die Aussichten für die nächsten ein bis zwei Jahre ganz einfach übel. Aber genau das ist ein Grund, weshalb die Zauberformel Unternehmen findet, deren Preis scheinbar ein Spottpreis ist. Die Zauberformel benutzt die Gewinne vom vorigen Jahr. Wenn sie Schätzungen für das laufende oder für das nächste Jahr verwenden würde, dann würden viele Unternehmen gar nicht mehr als Schnäppchen erscheinen.

Was sollen wir also tun? Theoretisch wäre es am besten, nicht blindlings die Ergebnisse vom Vorjahr in die Formel einzusetzen, sondern die Gewinnschätzung für ein normales Jahr.[1]

Natürlich können die Gewinne vom Vorjahr repräsentativ für normale Jahre sein, aber aus vielerlei Gründen ist es vielleicht kein typisches Jahr. Aufgrund von günstigen Bedingungen, die nicht jedes Jahr herrschen, könnten die Gewinne höher ausgefallen sein. Es könnte aber auch sein, dass es im Betriebsablauf des Unternehmens vorübergehende Probleme gegeben hat, so dass der Gewinn niedriger ausgefallen ist als in einem normalen Jahr.

Genauso problematisch ist die Verwendung der Gewinnschätzung für das nächste Jahr. Vielleicht ist das nächste Jahr untypisch. Vielleicht wäre es eine Lösung, noch weiter in die Zukunft zu schätzen und sich zu fragen, wie der Gewinn unter normalen, durchschnittlichen Umständen in drei oder vier Jahren aussieht. Damit könnten wir kurzfristige Angelegenheiten ausschließen, die sich in den nächsten ein bis zwei Jahren auf den Gewinn auswirken könnten.

In einer idealen Welt könnten wir den normalen Gewinn schätzen und daraus die Gewinnrendite und die Kapitalrendite berechnen. Anhand der Prinzipien der Zauberformel könnten wir dann Unternehmen suchen, die gemäß ihrer normalen Gewinne eine hohe Gewinnrendite und eine hohe Kapitalrendite haben. Dabei müssten wir natürlich auch abschätzen, wie zuverlässig unsere Schätzungen sind, und entscheiden, ob die Gewinne in Zukunft wohl wachsen werden.[2]

[1] Ein normales Jahr ist ein Jahr, in dem es im Unternehmen, in der Branche und in der Gesamtwirtschaft keine außergewöhnlichen Ereignisse gibt.

[2] Wir müssten auch abschätzen, ob die Unternehmensleitung die Gewinne klug reinvestieren wird.

Dann könnten wir die aus dem normalen Gewinn resultierende Gewinnrendite mit der risikolosen sechsprozentigen Staatsanleihe und unseren anderen Anlagemöglichkeiten vergleichen.

Das klingt wohl schwierig? Ja, das ist es auch. Aber unmöglich ist es nicht. Es gibt Menschen, die solche Analysen vornehmen. Genau auf diese Art benutzen meine Partner und ich die Prinzipien, die hinter der Zauberformel stehen, für unsere Investmententscheidungen. Aber wenn Sie nicht in der Lage sind, solche Analysen durchzuführen, gilt der Hauptpunkt dieses Kapitels:

Sie sollen nicht eigenmächtig in einzelne Aktien investieren!

Genau so ist es. Vergessen Sie's! Aber einen Moment noch. Die Zauberformel funktioniert ziemlich gut, obwohl sie die Gewinne vom Vorjahr benutzt. Sie enthält weder Schätzungen noch Überlegungen. Wie kann es da sein, dass die Zauberformel Aktien auswählen kann, dass ich aber den meisten von Ihnen sage, dass Sie auf keinen Fall eigenmächtig Aktien auswählen sollen?

Die Antwort ist einfach: Die Zauberformel wählt ja keine einzelnen Aktien aus. Sie wählt immer mehrere Aktien auf einmal aus. Auf ein ganzes Sortiment von Aktien gesehen sind die letztjährigen Gewinne ein guter Indikator für die künftigen Gewinnaussichten. Für einzelne Unternehmen gilt das natürlich nicht immer, doch im Durchschnitt liefern die Vorjahresgewinne häufig einen guten Anhaltspunkt für die künftigen normalen Gewinne.

Aus diesem Grund kauft man am besten gleich 20 oder 30 Aktien, wenn man die Zauberformel benutzt. Mit dieser Formel *will* man ja gerade den Durchschnitt erreichen (also die durchschnittliche Rendite, die ein von der Zauberformel gewähltes Portfolio liefert). Da das durchschnittliche Ergebnis der Zauberformel ein außerordentlicher Anlageertrag ist, sollte der Kauf einer gewissen Anzahl verschiedener Aktien anhand der Zauberformel dazu beitragen, dass wir dem Durchschnitt ziemlich nahe kommen.

So, ich hoffe, dass ich jetzt 99 Prozent von Ihnen davon überzeugt habe, dass Sie sich an die Zauberformel halten sollten. Aber denjenigen, die immer noch meinen, sie könnten eine eigene Gewinn bringende Auswahlstrategie entwickeln, gebe ich noch etwas zu bedenken. Allen professionellen Researchanalysten und Vermögensverwaltern fällt es schwer, zutreffende Gewinnschätzungen für einzelne Unternehmen aufzustellen. Richtige Schätzungen für 20 oder 30 Unternehmen auf einmal sind noch viel schwieriger – und Ihnen dürfte das nicht leichter fallen als den Profis.

Hier nun mein Vorschlag: Wenn Sie trotz aller Warnungen immer noch einzelne Aktien kaufen wollen, versuchen Sie lieber nicht, viele Voraussagen zu treffen. Beschränken Sie Ihre Investitionen auf eine kleine Anzahl „guter" Unternehmen, die zu Spottpreisen zu haben sind. Für Anleger, die in der Lage sind, den normalen Gewinn auf mehrere Jahre hinaus zu schätzen und Unternehmen einen Wert zuzumessen, ist der Kauf weniger Schnäppchenaktien der beste Weg. Als Faustregel können Sie sich merken, dass fünf bis acht Aktien aus verschiedenen Branchen gefahrlos 80 Prozent Ihres Portfolios stellen können – wenn Sie ernsthafte, gute Forschung betreiben und die Unternehmen verstehen, die Sie kaufen.[3]

[3] Sie wissen nicht recht, ob das sinnvoll ist? Sehen Sie sich den Kasten am Ende des Kapitels an!

Und was ist, wenn Sie keine Experten im Bewerten von Unternehmen und im Erstellen von Prognosen sind? Gibt es nicht noch andere Möglichkeiten, intelligent Aktien auszuwählen? Sich in Sprengstofffabriken herumzutreiben ist vielleicht nicht sehr schlau, aber was soll's? Manche Leute sprengen sich eben lieber in die Luft. Okay, es gibt einen sinnvollen Kompromiss. Aber auch dafür brauchen Sie die Zauberformel – daran führt einfach kein Weg vorbei (naja, jedenfalls in diesem Buch nicht).

Hier also der Kompromiss: Anstatt blindlings Aktien auszuwählen, die Ihnen gefallen, oder blindlings der Zauberformel zu folgen – könnte man vielleicht beide Strategien miteinander kombinieren? Fangen Sie mit der Zauberformel an und stellen Sie eine Liste der besten Aktien zusammen. Dann suchen Sie sich Ihre Lieblingsaktien aus, egal nach welcher Methode. Sie dürfen dabei aber nur unter den 50 oder 100 Aktien auswählen, die von der Zauberformel als Erste ausgewählt wurden.[4]

Auch mit dieser Methode sollten Sie mindestens 10 bis 30 Aktien in Ihr Portfolio legen (wenn Sie wirklich Ahnung von Bewertung haben, eher weniger und wenn Sie die Aktien nach Sternzeichen auswählen, eher mehr). Das müsste eigentlich reichen.

Das Wichtigste auf einen Blick:

1. Die meisten Menschen sollten nicht auf eigene Faust einzelne Aktien auswählen.

2. Lesen Sie noch einmal Punkt 1.

3. Wenn Sie schon unbedingt müssen ... und Sie wirklich normale Gewinne auf mehrere Jahre abschätzen *können*, dann errechnen Sie aus den Schätzungen die Gewinn- und Kapital-

[4] Keine Angst, Sie lernen später noch, wie man die Liste der „besten" Aktien ganz einfach erstellen kann.

rendite. Danach suchen Sie gemäß den Prinzipien der Zauberformel und anhand der geschätzten normalen Gewinne gute Aktien zu Schnäppchenpreisen.

4. Wenn Sie das Unternehmen, dessen Aktien Sie kaufen, wirklich begreifen *und* großes Zutrauen zu Ihren normalisierten Gewinnschätzungen haben, können fünf bis acht Schnäppchenaktien für eine sichere und effiziente Investmentstrategie schon reichen.

5. Die meisten Menschen sollten auf keinen Fall eigenmächtig in einzelne Aktien investieren! (Habe ich das schon einmal erwähnt?)

Wie können fünf bis acht Aktien für eine sichere Strategie genügen? Betrachten Sie das einmal so:[5]

Sie sind erfolgreicher Geschäftsmann und haben Ihr Unternehmen gerade für eine Million Dollar verkauft. Sie wollen dieses Geld klug investieren, damit Sie auf lange Sicht sichere und hohe Erträge ernten können. Sie haben zum Beispiel die Möglichkeit, mit dem Erlös aus dem Verkauf einen Anteil an einem anderen Unternehmen in Ihrer Stadt zu kaufen. Sie kennen ungefähr 30 Unternehmen ganz gut und Sie haben vor, nur in Unternehmen zu investieren, die Sie gut kennen, die eine große Zukunft vor sich haben und die Sie zu einem vernünftigen Preis bekommen.

[5] Ich leihe mir diesen Vergleich von einem der besten Investoren der Welt.

Für diejenigen Unternehmen, für die Sie sich am ehesten zuverlässige Prognosen zutrauen, schätzen Sie den normalen Gewinn für die nächsten paar Jahre. Außerdem suchen Sie nach Unternehmen, von denen Sie glauben, dass sie noch viele Jahre bestehen werden und die in der Lage sein sollten, ihren Gewinn im Laufe der Jahre zu steigern. Auf Grundlage Ihrer Gewinnschätzungen berechnen Sie dann die Gewinnrendite und die Kapitalrendite jedes einzelnen Unternehmens. Natürlich wollen Sie die guten Unternehmen möglichst preiswert kaufen. Sie wählen mit Ihrer Analysemethode fünf Lieblingsunternehmen aus und investieren in jedes 200.000 Dollar.

Klingt das nach riskantem Verhalten? Riskant wäre es, wenn Sie keine Ahnung hätten, wie man Bilanzen liest und wie man Unternehmen bewertet. Aber wenn Sie dazu in der Lage sind, reichen dann Anteile an den fünf Lieblingsunternehmen aus? Wäre es nicht besser, Anteile an acht Unternehmen zu kaufen? Ich nehme an, die meisten Menschen – vor allem Menschen, die Aktien als langfristig gedachte Besitzanteile an echten Unternehmen betrachten – würden die Verteilung von einer Million Dollar auf fünf bis acht preiswerte Unternehmen aus verschiedenen Branchen als kluges Verhalten betrachten.

Von dieser Ansicht gehe ich jedenfalls in meinem eigenen Investmentportfolio aus. Je mehr Zutrauen ich in jede meiner Aktien habe, desto weniger Aktien brauche ich, um mich wohlzufühlen. Die meisten Anleger haben allerdings ein anderes Bild von Aktien und vom Aufbau eines Porfolios.

Wenn die Besitzanteile in Aktien aufgeteilt sind, deren Preis aufgrund der Launen von Mr. Market wild hin- und herspringen, kommen private und professionelle Investoren auf seltsame Gedanken und bestimmen das Risiko auf seltsame Weise. Wenn kurzfristiges Denken und übermäßig komplizierte Strategien im Spiel sind, erscheint der Besitz vieler Unternehmen, von denen man sehr wenig weiß, auf einmal sicherer, als der Besitz von Anteilen an fünf bis acht Unternehmen, deren Geschäfte gut laufen, deren Zukunft vorhersehbar ist und die billig zu haben sind. Kurz gesagt: Für die wenigen Menschen, die über die Fähigkeiten, dass Wissen und die Zeit verfügen, normale Gewinne abzuschätzen und einzelne Aktien zu bewerten, kann weniger tatsächlich mehr sein – mehr Gewinn, mehr Sicherheit ... und mehr Spaß!

KAPITEL ZWÖLF

Reden wir über die Zahnfee. Aus irgendeinem Grund schaffe ich es nie, meine Kinder darüber aufzuklären, was wirklich Sache ist. Vielleicht will ich, dass sie so lange wie möglich Kinder bleiben, oder vielleicht will ich die Unschuld in diesem Lebensabschnitt besonders hegen und pflegen. Aber egal woran es liegt, auch auf die bohrendsten Fragen nach meinem Aufenthaltsort während des mysteriösen Auftauchens von Geld unter den fraglichen Kopfkissen bleibe ich hart wie Stein.

Ein paar Mal geriet ich jedoch in schwere Bedrängnis. Ich dachte schon, das Spiel wäre aus, als eins meiner Kinder eines Tages aus der ersten Klasse mit neuen Informationen nach Hause marschiert kam (es ist schon erschreckend, was für Sachen die Kinder auf dem Schulhof so aufschnappen). Ein Freund, dem mein jahrelanges Mauern absolut egal war, hatte offensichtlich ausgepackt. Während ich mich bemühte, meine Enttäuschung herunterzuschlucken, verkündete mein kleiner Sherlock Holmes: „Ich weiß jetzt, wer die Zahnfee ist!“ Ich suchte fieberhaft nach einem Ausweg, aber da fuhr er schon fort: „Billy Gordons Mutter!“

Ich erklärte, dass es für Billy Gordons Mutter ein logistischer und finanzieller Albtraum wäre, jeden Abend die ganze Welt zu durchreisen, Zähne einzusammeln und Geld zu verteilen. Damit gelang es mir, diese Falschinformation zu ersticken. Und sei es aus mangelndem Ermittlerinstinkt oder weil meine Kinder mit den Jahren gelernt haben, mir meinen Willen zu lassen, war bislang kein minderjähriger Angehöriger meines Haushalts mehr so nahe daran, diesen Fall zu knacken.

Doch hier nun ein Geheimnis, das ich ohne Schwierigkeiten enthülle. In meinem Haus ist mir jede Geschichte recht, die meine Kinder glauben wollen. Aber an der Börse will ich, das sie nur eine Geschichte kennen. Das ist hart und ungerecht, aber irgendwann müssen wir schließlich alle erwachsen werden. Außerdem ist es Zeit, dass es endlich gelüftet wird. Also, jetzt kommt's, ein Geheimnis der Wall Street:

Es gibt keine Zahnfee!

Das stimmt wirklich. An der Wall Street taucht kein Geld unvermutet unter dem Kopfkissen auf. Dort deckt Sie niemand zu, niemand kümmert sich um Sie und Sie können niemanden um Rat fragen. Wenn Sie die Wärme und Geborgenheit Ihres Hauses verlassen, sind Sie ganz einfach auf sich allein gestellt.

Um zu sehen, warum das zwangsläufig so ist, machen wir einen Spaziergang durch die Wall Street. Aber bevor wir losgehen, müssen wir noch ein paar Voraussetzungen festlegen. Erstens haben Sie etwas Geld, das Sie langfristig anlegen möchten („langfristig" bedeutet in diesem Fall, dass Sie das Geld mindestens drei bis fünf Jahre lang nicht für Ihre üblichen Ausgaben brauchen).[1]

[1] Da Mr. Market kurzfristig jederzeit machen kann, was er will, sollten Sie Geld, das Sie in den nächsten Jahren brauchen, lieber auf der Bank lassen. Andernfalls sind Sie möglicherweise gezwungen, zum falschen Zeitpunkt an Mr. Market zu verkaufen (es könnte sein, dass Sie das Geld dringend brauchen, dass aber Mr. Market gerade deprimiert ist und für Ihre Aktien niedrige Preise anbietet).

Zweitens möchten Sie mit Ihrer Geldanlage möglichst viel Gewinn machen, aber Sie wollen kein unvernüftig großes Risiko eingehen. Drittens haben Sie gehört (und das stimmt meistens), dass der Aktienmarkt die beste Möglichkeit ist, hohe Erträge zu erzielen, und deshalb wollen Sie den größten Teil des Geldes in Aktien anlegen. Also gut, und wo fangen wir an?

Nun, wir könnten ja bei dem freundlichen Broker an der Ecke vorbeischauen. Der Broker ist ein Investmentprofi. Seine Aufgabe ist es, Ihnen die Hand zu halten und Ihnen beim Anlegen Ihres Geldes zu helfen. Ihr Broker hilft Ihnen bei der Wahl zwischen einzelnen Aktien, Anleihen, Investmentfonds und anderen Anlagemöglichkeiten. Wenn Sie genug Geld haben, spricht er sogar am Telefon mit Ihnen. Er versucht, Ihre Bedürfnisse zu verstehen und bietet Ihnen Empfehlungen und Ratschläge an. Aber da gibt es ein Problem: Wenn Ihr Broker so ist wie die große Mehrheit, hat er keine Ahnung, wie er Ihnen helfen kann! Die meisten Broker bekommen Gebühren, wenn sie Ihnen eine Aktie, eine Anleihe oder ein anderes Investmentprodukt verkaufen. Sie werden nicht dafür bezahlt, das sie Ihnen zu Geld verhelfen. Natürlich liegt es auch in ihrem Interesse, dass Sie Gewinn machen, und viele Broker sind Profis mit guten Absichten, aber ihr Hauptanreiz ist es, Ihnen etwas zu verkaufen. Sie sind dafür ausgebildet, die Vorschriften zu beachten, Finanzbegriffe zu verstehen und diverse Anlageprodukte zu erklären – aber sie haben nicht gelernt, Ihnen am Aktienmarkt oder anderswo zu Geld zu verhelfen.

Sie können Ihr Geld auch in einen Investmentfonds investieren. Das ist die perfekte Lösung für Kleinanleger. Investmentfonds werden von professionellen Geldverwaltern gemanagt. Solche Manager wählen normalerweise eine breit gestreute Auswahl von Aktien und Anleihen aus, meistens 30 bis 200 verschiedene Papiere pro Fonds. Auf diese Art können Kleinanleger ihr Anlagekapital am effektivsten über ein breites Spektrum von Investments streuen.

Allerdings gibt es auch hier gewisse Probleme. Wie schon besprochen, ist es sehr schwer, über viele verschiedene Unternehmen und Wertpapiere genau informiert zu sein. Aus diesem Grund führt der Besitz von dutzenden oder hunderten Positionen nicht unbedingt zu überdurchschnittlichen Erträgen. Und dann ist da natürlich noch eine Kleinigkeit: die Gebühren. Die Investmentfondsgesellschaften müssen für ihre Dienste Gebühren verlangen. Man kann sich ganz einfach ausrechnen, dass überdurchschnittliche Erträge minus Gebühren unterdurchschnittliche Erträge ergeben. Daher ist es kein Wunder, dass die überwältigende Mehrheit der Investmentfonds nach Abzug von Gebühren und sonstigen Kosten auf lange Sicht schlechter ist als der Gesamtmarkt.

Aber das ist schon in Ordnung. Wir können ja nach Fonds mit überdurchschnittlichen Managern suchen. Eigentlich sollte man ja relativ leicht feststellen können, ob ein Manager überdurchschnittlich ist, indem man sich ganz einfach die Ergebnisse des Fonds anschaut. Das einzige Problem daran ist, dass es zwischen den vergangenen guten Anlageergebnissen von Fonds un den künftigen Erträgen keinen Zusammenhang gibt. Sogar Firmen, die es sich zur Aufgabe gemacht haben, Investmentfonds zu beurteilen, können nicht zuverlässig bestimmen, welche Fonds künftig gute Leistungen bringen werden.

Dafür gibt es viele Ursachen und alle sind schwer zu beheben. Fondsgesellschaften werden nach dem Geldbetrag bezahlt, der bei ihnen investiert ist. Fonds, die gute Ergebnisse vorzuweisen haben, ziehen im Laufe der Zeit mehr Geld an. Normalerweise liegt es im wirtschaftlichen Interesse der Fonds, dieses Geld anzunehmen. Wenn ein Fonds immer größer wird, fällt es dem Manager möglicherweise schwer, mit der gleichen Strategie weiterzumachen, die bislang Erfolg brachte. Wenn der Geldberg wächst, machen sich die wenigen guten Ideen rar. Falls der Erfolg unter anderem auf der Investition in kleinere Unternehmen basiert, kann es sein, dass das mit zunehmender Größe nicht mehr möglich ist. Zudem erleben auch fähige Manager Phasen mit geringer Performance (genau wie die Zauberformel). Im Gegenzug können auch schlechte Manager gute Phasen haben. Es ist sogar über Zeiträume von mehreren Jahren ziemlich schwer zu entscheiden, welches von beidem zutrifft. Ich könnte noch mehr erklären, aber an den Tatsachen würde das nichts ändern. Gute vergangene Performance ist bei der Vorhersage der Zukunft keine große Hilfe und die Wahl eines guten Fondsmanagers ist wahrscheinlich nicht einfacher als die Auswahl guter Aktien. Und wenn man interessante Aktien finden kann, braucht man ja keinen guten Manager mehr!

Sie könnten auch in Erwägung ziehen, in einen Hedgefonds zu investieren. Diese exklusiven privaten Fonds sind gewöhnlich wohlhabenden Anlegern vorbehalten. Leider steht einem diese Möglichkeit häufig erst dann offen, wenn man mindestens 500.000 Dollar anlegen will. Die meisten Hedgefonds sind gesetzlich gehalten, nur Investoren anzunehmen, die sich den Verlust großer Summen leisten können. Aber selbst wenn Sie diese zweifelhafte Ehre für sich in Anspruch nehmen können, ist das nicht unbedingt der klügste Weg.

Hedgefonds sind Investmentfonds, die flexibler sind als normale Fonds. Hedgefondsmanager können mit dem Fondsvermögen und mit geliehenem Geld ein breites Spektrum von Wertpapieren kaufen. Im Allgemeinen können sie zu allen Zeiten mit Aktien, sonstigen Wertpapieren oder Indizes spekulieren, egal ob diese gerade steigen oder fallen. Die meisten Investmentfonds dürfen dagegen nur mit Papieren Gewinn erzielen, deren Preis steigt. Die Möglichkeit der Hedgefonds, mit vielen verschiedenen Wertpapieren nach oben oder unten zu spekulieren und dafür eventuell auch geliehenes Geld zu verwenden, gilt als großer Vorteil gegenüber den normalen Investmentfonds. Das mag schon sein, aber die meisten Hedgefonds verlangen sehr hohe Gebühren – mindestens ein Prozent der Anlagesumme zuzüglich 20 Prozent des erzielten Gewinns. In den letzten Jahren wurden nicht zuletzt dank der hohen Gebühren tausende neuer Hedgefonds gegründet. Die meisten von ihnen dürften den hohen Gebühren wohl kaum gerecht werden. Es gibt schlicht und einfach nicht so viele hervorragende Manager und die Wahrscheinlichkeit, sie zu finden, ist sehr gering.

Viele Menschen entschließen sich daher, in einen Indexfonds zu investieren.[2] Ein Indexfonds ist ein Investmentfonds, der versucht, den gleichen Ertrag wie der Gesamtmarkt zu erzielen – abzüglich einer sehr geringen Gebühr. Solche Fonds suchen sich einen Aktienindex heraus (etwa den S & P 500, der aus 500 großen Aktien besteht, oder den Russell 2000, der aus 2.000 eher kleinen Aktien besteht) und kaufen alle Aktien, die in dem be-

[2] Oder in einen Exchange Traded Fund; das sind Indexfonds, die ähnlich wie Aktien an der Börse gehandelt werden.

treffenden Index enthalten sind. Mit dieser Strategie kann man den Markt zwar nicht übertreffen, aber immerhin erzielt man damit Erträge, die ungefähr dem Gesamtmarkt entsprechen.[3]

Da bei den meisten Anlagemöglichkeiten nach Abzug von Gebühren und sonstigen Kosten weniger übrig bleibt als bei der Investition in Indexfonds, kommen viele Menschen nach ausführlicher Beschäftigung mit dieser Materie zu dem Schluss, dass durchschnittliche Erträge eigentlich eine ganz gute Alternative sind. In der Tat entspricht der Ertrag des Aktienmarkts in den vergangenen 80 Jahren einem durchschnittlichen Jahresertrag von zehn Prozent. Das ist ja eigentlich gar nicht schlecht.

Und was ist, wenn man besser sein will als der Durchschnitt? Dazu muss man der Ehrlichkeit halber sagen, dass wir auf unserem kleinen Rundgang keinen Ort finden, der uns darauf eine Antwort gibt. Das liegt daran, dass es durchaus so ist, wie ich schon gesagt habe: An der Wall Street gibt es keine Zahnfee. Wenn Sie aus dem Haus sind, können Sie Ihr Geld unter das Kopfkissen eines Profis legen, aber wenn Sie aufwachen, bleibt Ihnen vermutlich nur das, was seine lausige Performance übrig lässt.

Ich weiß schon, was Sie jetzt fragen wollen. Gibt es keinen Ort, an den ich gehen kann? Etwas, das ich tun kann? Jemanden, an den ich mich wenden kann? Es ist natürlich kaum verwunderlich, dass ich diese Fragen in den 25 Jahren, in denen ich im Investmentgeschäft tätig bin, schon oft gehört habe. Gelegentlich konn-

[3] Wenn Sie nicht im Rahmen eines steuerfreien Rentendepots investieren und daher die Besteuerung für Sie ein Thema ist, können Sie Ihre Steuern mithilfe dieser Strategie minimieren, weil Indexfonds in der Regel nur dann Aktien verkaufen, wenn ein bestimmtes Papier aus dem Index genommen wird. Gewöhnlich sind das pro Index und Jahr weniger als zehn Prozent.

te ich auf solche Fragen hin einen besonders guten Investmentfonds-Manager oder einen herausragenden Hedgefonds-Manager empfehlen, aber in allen Fällen sind die betreffenden Fonds hinterher auf ein Vielfaches ihrer vorherigen Größe angeschwollen und die günstige Investmentgelegenheit hat sich in relativ kurzer Zeit wieder aufgelöst. Ich habe auch schon versucht, gewissen Menschen mit gelegentlichen Aktientipps zu helfen. Allerdings ist ein gelegentlicher Aktientipp von mir nicht unbedingt eine zuverlässige oder allgemein verfügbare Anlagestrategie.

Deshalb bin ich damit gewöhnlich überfragt. Wenn Sie so wenig wie möglich tun wollen und gegen durchschnittliche Erträge nichts einzuwenden haben, kann ein Indexfonds durchaus die richtige Wahl sein. Aber wenn Sie in der Lage sind Unternehmen zu analysieren und bereit sind, gewisse Mühen auf sich zu nehmen, ist die selektive Auswahl einzelner Aktien eine gangbare Alternative. Das Problem ist nur, dass die meisten Menschen weder die Fähigkeit noch die Zeit haben, einzelne Unternehmen zu analysieren. Wie schon im vorigen Kapitel gesagt: Wenn Sie nicht wissen, wie man Unternehmen bewertet und normale Gewinne auf mehrere Jahre in die Zukunft schätzt, sollten Sie auf gar keinen Fall in einzelne Aktien investieren.

Kommen wir also zum Punkt. So unglaublich das auch scheinen mag – wenn Sie wirklich besser sein wollen als der Markt, dann bleibt tatsächlich nur eine einzige Alternative. Aber nach allem, was wir inzwischen besprochen haben, brauche ich Ihnen diese Möglichkeit wohl nicht erst zu buchstabieren. Es reicht wohl zu sagen, dass sie sich auf „Mauberdormel“ reimt.

Ja, so ist es. Wie ich bereits versprochen habe, können Sie die einfachen Schritte befolgen, die am Ende des Buches erklärt werden, und mithilfe der Zauberformel die Märkte übertreffen. Sie können damit langfristig außerordentliche Erträge erzielen, ohne dabei große Risiken einzugehen. Wenn Sie sich Schritt für Schritt daran halten, wissen Sie genau wohin Sie gehen und was Sie tun müssen. Und viel Arbeit ist es auch nicht – jeden Monat ein paar Minuten.

Das ist aber nicht der schwere Teil der Angelegenheit. Der schwere Teil besteht darin zu begreifen, warum die Zauberformel sinnvoll ist. Schwer ist es, weiterhin zu glauben, dass die Zauberformel immer noch sinnvoll ist, obwohl Freunde, Experten, die Medien und Mr. Market etwas anderes sagen. Außerdem ist es schwer, überhaupt damit anzufangen, auch wenn ich versucht habe, es Ihnen so leicht wie möglich zu machen.

Also viel Glück! Ich glaube wirklich, dass Sie mit Ihren Anlagen großen Erfolg haben werden, wenn Sie die Lehren des vorliegenden Buches befolgen. Deswegen ist auch das nächste Kapitel so wichtig. Wenn meine Berechnungen stimmen, haben Sie nämlich immer noch ein ziemlich großes Problem. Ich meine das todernst. Ich meine, was wollen Sie denn mit dem ganzen Geld jetzt wirklich anfangen?

Das Wichtigste auf einen Blick:

1. An der Wall Street gibt es keine Zahnfee!

2. Nichts reimt sich so richtig auf „Zauberformel".

3. Die Schritt-für-Schritt-Anweisungen, wie man mithilfe der Zauberformel die Märkte übertrifft, kommen gleich nach dem nächsten Kapitel.

KAPITEL DREIZEHN

Was würden Sie tun, wenn Sie viel Geld hätten? Ich meine damit natürlich, was Sie tun würden, nachdem Sie für Ihre Familie und diejenigen gesorgt hätten, die Ihnen nahe stehen, nachdem Sie Ihre Altersversorgung und die Zukunft Ihrer Lieben gesichert hätten und nachdem Sie etwas auf die Seite gelegt hätten, damit Sie sich einen gewissen Luxus leisten können.

Es könnte tatsächlich sein, dass Sie diese Frage eines Tages beantworten müssen. Aber haben Sie keine Angst, ich will Sie nicht mit einem Haufen Statistiken langweilen. Ich will Ihnen nicht erzählen, wie viel Geld Sie mit der Zauberformel verdienen könnten. Ich will nicht einmal das Prinzip der Kumulierung beziehungsweise des Zinseszinses behandeln. Damit meine ich, dass man mit einem relativ kleinen Geldbetrag und einer realistischen Ertragsrate mit der Zeit einen enormen Geldbetrag anhäufen kann, wenn man den Ertrag der Anlage immer wieder reinvestiert. Auch darüber will ich nicht sprechen.

Allerdings ist das schon schade, denn nach den neuen Vorschriften darf man höhere Beträge in steuerbegünstigte Rentenpläne einzahlen und deshalb wäre es sehr interessant, dieses Thema zu behandeln. Wenn man jetzt anfängt und nur ein paar Jahre lang den Maximalbetrag in einen IRA[1] einzahlt[2], kann

[1] IRA (Individual Retirement Account) ist ein Pensionsplan mit Zuzahlung des Arbeitgebers und ist eine Form der betrieblichen Altersvorsorge [Anm. d. Übers.].

[2] Entweder in einen traditionellen IRA oder in einen Roth IRA.

man aus einem relativ kleinen Geldbetrag einen viel größeren Geldbetrag machen. Wenn Sie in der Vergangenheit die Erträge erzielt hätten, die mit der Zauberformel möglich sind, würde das eine Menge Geld für Sie bedeuten. Aber leider sprechen wir ja nicht darüber.

Das ist wirklich eine Schande. Schon wenn Sie in den nächsten Jahren insgesamt 28.000 Dollar einzahlen würden (in den Jahren 2006 und 2007 den Höchstbetrag von 4.000 Dollar und ab 2008 vier Jahre lang 5.000 Dollar)[3], würde Ihr Rentenkonto nach 20 Jahren auf 325.000 Dollar und nach 30 Jahren auf gut 1,3 Millionen Dollar anwachsen, jedenfalls wenn Sie mit Ihren Anlagen eine Jahresrendite von 15 Prozent erzielen. Es wäre unverantwortlich, höhere Renditen weit in die Zukunft hochzurechnen, denn wenn man von 20 Prozent pro Jahr ausgehen würde, dann würden aus den anfänglichen 28.000 Dollar nach 20 Jahren 752.000 Dollar und nach 30 Jahren über 4,3 Millionen Dollar werden. Bei der astronomischen Ertragsrate von 25 Prozent (immer noch weniger als die bisherige Rendite eines unserer Portfolios aus kleineren Zauberformel-Aktien) würden aus den 28.000 Dollar in 20 Jahren mehr als 1,6 Millionen Dollar und nach 30 Jahren gut 13,4 Millionen Dollar werden.[4] Aber wer rechnet schon gerne

[3] Und danach keine weiteren Beiträge mehr.

[4] Es ist faszinierend sich vorzustellen, was passieren würde, wenn man beschlösse, die 5.000 Dollar während der restlichen 24 Jahre des 30-Jahres-Zeitraums weiterzuzahlen anstatt nach sechs Jahren aufzuhören. Das Rentenkonto würde dann nach 30 Jahren 16,5 Millionen statt 13,4 Millionen enthalten. Wenn wir uns doch dafür entschieden hätten, über Zinseszinsen zu sprechen, dann hätte der vergleichsweise kleine Nutzen dieser zusätzlichen Beiträge veranschaulicht, wie wichtig es ist, möglichst früh anzufangen, wenn man den Zinseszins voll ausnutzen will.

mit solchen Zahlen? Gott sei Dank war ich so schlau, nicht darüber zu sprechen.

Aber eines will ich trotzdem sagen: Wenn Sie noch zur Schule gehen und es kommt irgendjemand auf Sie zu – ich meine *irgendjemand*, egal wie schick sein oder ihr Roller ist oder wie überzeugend die Verkaufstricks –, der Ihnen ein einzelnes Kaugummi für 25 Cent verkaufen will, gebe ich Ihnen in drei Worten einen guten Rat: Tun Sie's nicht!

Ich sage das nicht, weil Sie dann eventuell mit einem Kaugummi auf der Nase in der Ecke stehen müssen. Ich sage das aus einem ganz anderen Grund. Wenn Sie wüssten, dass aus einem gut angelegten Vierteldollar 200 Dollar werden können, bevor Sie 50 sind[5], würden Sie vielleicht nicht so viel Geld für ein einzelnes Kaugummi verschwenden. Sie würden dann wohl für viele Dinge nicht mehr so viel Geld ausgeben. Stattdessen würden Sie vielleicht mehr darüber nachdenken, wie Sie möglichst oft Geld sparen können und mehr Zeit dafür aufwenden, gute Anlagemöglichkeiten zu finden. Das wollte ich damit sagen. Leider sage ich nicht, dass Sie mit der Zauberformel Erträge erzielen werden, die mit den astronomischen Erträgen der Vergangenheit vergleichbar sind. Das kann ich nämlich nicht wissen.[6]

[5] Nach 30 Jahren würden aus 25 Cent über 200 Dollar werden, wenn man 25 Prozent darauf bekäme. Ich will nicht behaupten, dass Sie eine solche Rendite wirklich erzielen könnten (wie Sie wissen, würde ich so was ja nie sagen).

[6] Aber da der Gesamtmarkt in unserem 17 Jahre langen Betrachtungszeitraum rund zwölf Prozent pro Jahr (einschließlich Dividenden) gebracht hat und ich künftig eher mit sechs bis zehn Prozent rechne, könnten Sie Ihre Hoffnungen und/oder Erwartungen in/an die Zauberformel im Verhältnis zu den Ergebnissen der Studie zum Beispiel um drei bis vier Prozent zurückschrauben. Aber ich sage es noch einmal: Wissen kann ich das nicht.

Aber so viel kann ich sagen: Ich halte es für eine der besten Investmentmöglichkeiten, die Zauberformel zu benutzen und die Prinzipien anzuwenden, auf denen sie beruht. Ich glaube, wenn Sie sich in guten und in schlechten Zeiten an die Zauberformel halten, übertreffen Sie den Gesamtmarkt langfristig locker. Kurz gesagt glaube ich, dass Ihre Ergebnisse auch dann weiterhin nicht nur „recht zufriedenstellend“ sein werden, wenn alle die Zauberformel kennen; mit ein bisschen Glück werden sie sogar außerordentlich sein.

Das ist also der Deal. Wenn Sie die Zauberformel doch benutzen und Sie mit ihrer Hilfe so viel Geld verdienen, dass Sie für Ihr glückliches Schicksal dankbar sind, bedenken Sie Folgendes: In Wirklichkeit ist die Zeit und Mühe, die man in Aktieninvestitionen steckt, nicht besonders produktiv. Wenn man Aktien einer Aktiengesellschaft kauft oder verkauft, dann macht man normalerweise nur Geschäfte mit anderen Aktionären. Das heißt, das Unternehmen an sich hat nichts damit zu tun. Es bekommt von der Transaktion nichts.

Viele Menschen behaupten, diese Kauf- und Verkaufsaktivitäten seien trotzdem sehr nützlich. Durch den Kauf und Verkauf von Aktien, so argumentieren diese Menschen, entsteht ein aktiver Handelsplatz für die Aktien des betreffenden Unternehmens. Wenn das Unternehmen Geld braucht, kann es theoretisch beschließen, an diesem Handelsplatz zusätzliche Aktien zu verkaufen. Mit dem Erlös aus diesem Verkauf kann es seine Rechnungen bezahlen, Fabriken bauen oder anderweitig expandieren. Das stimmt alles. Wenn Jason seine Kaugummi-Ladenkette von zehn auf 300 Geschäfte erweitern will, kann er der Öffentlichkeit neue Aktien seines Unternehmens verkaufen und dadurch Geld für die Expansion beschaffen. Da die Käufer der Aktien von „Jason's Gum Shops" wissen, dass es für die Aktien, die sie direkt kaufen, einen Markt gibt, fällt es Jason relativ leicht, Geld für sein Unternehmen zu beschaffen. Auch damit haben die Menschen Recht, die den Aktienhandel für sehr wertvoll halten.

Ich gehöre allerdings nicht zu diesen Menschen. Natürlich ist es schön, wenn man einen Markt hat. Tatsächlich ist das sogar sehr wichtig. Es ist bloß so, dass wahrscheinlich über 95 Prozent des täglich stattfindenden Handels überflüssig sind. Auch wenn der größte Teil davon wegfiele, wäre der Markt noch in Ordnung. Auf jeden Fall würde der Markt auch ohne Ihre Teilnahme funktionieren.

Ich erzähle meinen MBA-Studenten zu Semesterbeginn immer, dass ich ihnen Fähigkeiten beibringe, die nur begrenzten Wert haben. Das heißt nicht, dass sie mit dem Gelernten nicht viel Geld verdienen könnten. Es heißt nur, dass es wahrscheinlich bessere Verwendungsmöglichkeiten für ihre Zeit und ihre Intelligenz gibt. Deshalb fordere ich meine Studenten immer auf, im Austausch für das Lernen eine Möglichkeit zu finden, etwas zurückzugeben.[7]

Nun gut. Ich hoffe, dass Ihnen dieses Buch und die Schritt für Schritt gegebenen Anweisungen dazu verhelfen, dass Sie alle Ihre Anlageziele erreichen. Ich glaube jedenfalls fest daran. Und ich hoffe, dass es zu Ihren Anlagezielen gehört, einen Teil Ihres glücklichen Vermögens dafür einzusetzen, in Bereichen etwas zu verändern, die wichtig sind und die Ihnen etwas bedeuten.

Viel Glück.

[7] Mehr dazu im Kasten am Ende des Kapitels.

Natürlich können Sie mit Ihrem Geld außer der Versorgung nahe stehender und geliebter Menschen noch viele andere sinnvolle Dinge tun. Die medizinische Forschung fördern, den Armen helfen, die soziale Gerechtigkeit fördern oder irgendeine andere gute Sache unterstützen – es gibt viele gute Möglichkeiten, sein Geld gemeinnützig oder wohltätig einzusetzen. Aber da es im vorliegenden Buch darum geht, wie man sein Geld dort investiert, wo es eine hohe Kapitalrendite erzielt, habe ich noch eine andere Idee, über die Sie nachdenken können.
Die Unternehmer, Wissenschaftler, Ingenieure, Techniker und sonstigen qualifizierten Arbeitskräfte, die unsere Wirtschaft wachsen und blühen lassen, werden von unserem Bildungssystem hervorgebracht. Langfristig betrachtet spiegelt der Aktienmarkt diesen Fortschritt wider. Dabei ist klar, dass wir einen großen Teil unseres Zukunftspotenzials vergeuden. In fast allen größeren Städten der Vereinigten Staaten schafft nur knapp die Hälfte der Schüler, die an öffentlichen Schulen in die neunte Klasse eintreten, den qualifizierten Highschool-Abschluss. Denken Sie darüber einmal kurz nach. Für diese katastrophale Verschwendung gibt es zweifellos verschiedene Gründe, aber vor allem ziehen sich diese Probleme – was es auch sein mag – durch alle Klassenstufen. Viele Schüler hinken eigentlich schon vier oder fünf Jahre hinterher, wenn sie in die neunte Klasse kommen.
Wie könnte man dieses Problem beheben? Die Bildung und Ausbildung junger Menschen sollte auf jeden Fall oberste Priorität genießen und es ist auf jeden Fall eine hervorragende In-

vestition, Geld dafür auszugeben, dass unsere Kinder die Kenntnisse und Fähigkeiten erwerben, dank deren sie produktive Mitglieder unserer Gesellschaft werden können. Hohe Kapitalrendite? Schlechte Bildung erzeugt Kosten, also negative Rendite – Verbrechen, Drogen, Sozialfälle und vieles mehr. Also, wie können wir dieses Problem lösen?

Im kapitalistischen System wäre das ziemlich einfach. Wenn wir ein Unternehmen wie „Just Broccoli" in Ordnung bringen wollten, würden wir zuerst versuchen, ein paar Dinge zu ändern. Wir würden vielleicht ein paar Manager entlassen, bessere Verkäufer einstellen, Werbung machen und so weiter. Aber wenn das die Ergebnisse nicht verbessert, dann würden wir ganz einfach die Läden zumachen. Unternehmen, die keine angemessene Kapitalrendite erzielen, gehen im kapitalistischen System einfach zu Grunde. Das ist sehr gesund. Im Kapitalismus fließt das Geld nicht lange in Investitionen, die schwache Erträge liefern, sondern es wird systematisch in Unternehmen umgeleitet, die das Kapital produktiv nutzen. Auf diese Weise kann unsere Wirtschaft immer weiter wachsen und gedeihen. Also, wie würden Sie das staatliche Schulsystem in Ordnung bringen? Zuerst würden Sie vielleicht versuchen, ein paar Dinge zu ändern. Sie würden vielleicht schlechte Lehrer entlassen und besseren Lehrern mehr Geld bezahlen, schlechte Schulleiter hinauswerfen und letzten Endes wohl auch schlechte Schulen schließen. Das Geld, das bisher an die schlechten Schulen verschwendet wurde, würde dann in (staatliche oder private) Schulen fließen, die mit diesem Kapital eine höhere „Rendite" erzielen. Aber leider bestehen die genannten Probleme an den öffentlichen Schulen schon seit 40 Jahren und genauso lange wird schon versucht, sie zu beheben!

Es gibt nämlich einen Unterschied zwischen Schule und Kapitalismus. Im kapitalistischen System wird ein Unternehmen geschlossen, wenn andere Maßnahmen nichts bringen. Dagegen ist es so gut wie unmöglich, schlechte Lehrer zu entlassen, gute Lehrer besser zu bezahlen oder schlechte Schulen zu schließen. Kurz gesagt gibt es weder Strafen für schlechte Leistungen noch Anreize für gute Leistungen und die Leitung eines schlechten Betriebs hat keinerlei Konsequenzen.

Daher wird das Geld, das an schlechte Lehrer und schlechte Schulen verschwendet wird, fast nie an Lehrer oder Schulen umgeleitet, die aus diesem Kapital mehr machen würden. Aus dem, was wir gerade über den Kapitalismus gelernt haben, folgt, dass alle etwaigen Lösungen des Problems – eine staatliche Schulreform, Charter Schools oder Voucher Programs[8] – dieses grundsätzliche Problem angehen müssen. Andernfalls müssen wir uns noch sehr lange mit einem Schulsystem à la „Just Broccoli" herumschlagen.[9]

[8] Eine „charter school" ist eine halb-autonome Schulform in den USA, die von Pädagogen, Eltern, Kommunalverbänden und Interessengruppen organisiert wird. Die Schulleitung ist bezüglich des akademischen Erfolgs und der Finanzen rechenschaftspflichtig. Bei Nichterfüllung des Schulvertrags kann die Schule auf Initiative unter anderem der Eltern geschlossen werden.
Ein „voucher program" ist ein Zertifikat, das die Eltern berechtigt, ihr Kind an die Schule ihrer Wahl zu schicken und dort für die Ausbildung zu bezahlen, anstatt das Kind an der staatlichen Schule anzumelden, die ihm zugewiesen wurde [Anm. d. Übers.].

[9] Wenn Sie das wirklich interessiert, können Sie sich auf folgenden Websites informieren: successforall.net, allianceforschoolchoice.com, schoolachievement.org und democratsforeducationreform.org.

SCHRITT FÜR SCHRITT

Jetzt kommt der große Überblick. Sie wissen, dass die Zauberformel in der Vergangenheit hervorragende Ergebnisse gebracht hat. Deshalb wollen wir einen leicht zu befolgenden Plan aufstellen, der es ermöglichen soll, diese guten Ergebnisse zu wiederholen. Doch bevor wir uns eine Strategie zu eigen machen, müssen wir noch ein paar Dinge bedenken.

Erstens: Da die Ergebnisse, die in diesem Buch genannt werden, auf einem Portfolio von rund 30 Aktien basieren, die mithilfe der Zauberformel ausgewählt wurden, sollte unser Plan vorsehen, dass wir mindestens 20 bis 30 Aktien zur gleichen Zeit halten. Vergessen Sie nicht, dass die Zauberformel nur im Durchschnitt funktioniert; wenn wir viele Aktien halten, die von der Zauberformel hoch eingestuft wurden, dürften wir daher auf längere Sicht nahe an den Durchschnitt herankommen.[1]

Zweitens: Für unseren Test haben wir jede Aktie ein Jahr lang gehalten. Wenn man ein steuerfreies Depot hat, ist das in

[1] Wenn Sie selbst Unternehmen analysieren können und Ihre eigene Forschung betreiben und wenn Sie die Zauberformel nur als Anhaltspunkt für die Auswahl einzelner Aktien benutzen wollen, dann gilt die Grundregel der Diversifizierung natürlich für Sie nicht. Wenn Sie dagegen wenig oder gar keine Mühe auf einzelne Aktien verwenden (wie die Mehrzahl der Anleger), ist die Streuung über 20 oder 30 Zauberformel-Aktien definitiv der einzig richtige Weg.

Ordnung. Für den Fall, dass Steuern anfallen, wandeln wir das Prinzip jedoch leicht ab. Aktien, die gegenüber dem Kaufpreis im Minus stehen, verkaufen wir ein paar Tage vor Ablauf der Jahresfrist. Aktien, die im Plus stehen, verkaufen wir ein oder zwei Tage nach Ablauf der einjährigen Frist. Auf diese Weise genießen wir bei unseren Gewinnen den Vorteil der geringeren Besteuerung langfristiger Kapitalerträge (in den Vereinigten Staaten maximal 15 Prozent für Aktien, die länger als ein Jahr gehalten wurden) und die Verluste werden als kurzfristige negative Erträge versteuert (Verrechnung gegen andere Einkünfte, die andernfalls mit bis zu 35 Prozent versteuert werden müssten). Auf lange Sicht kann diese minimale Änderung Ihren Anlageertrag nach Steuern erheblich steigern.

Drittens und letztens: Seien Sie sich darüber im Klaren, dass das Schwerste der Anfang ist. Wahrscheinlich kaufen Sie nicht alle 30 Aktien auf einmal. Wenn wir das Testergebnis reproduzieren wollen, müssen wir uns im Verlauf des ersten Investitionsjahres in das Zauberformel-Portfolio hineinarbeiten. Das heißt, wir ergänzen unser Portfolio alle paar Monate um fünf bis sieben Aktien, bis wir die gewünschten 20 oder 30 Aktien haben. Danach ersetzen wir immer nur die fünf bis sieben Aktien, die wir schon seit einem Jahr haben. Falls das jetzt etwas verwirrend klingt, machen Sie sich keine Sorgen, ich erkläre das gleich noch einmal Schritt für Schritt.

Nachdem wir das geklärt haben, sollten wir jetzt über ein paar einfache Möglichkeiten sprechen, wie man die Zauberformel-Aktien findet. Es gibt eine ganze Reihe von Screening-Programmen, manche laufen komplett im Internet und manche aktualisieren nur die Daten via Internet. Manche sind kostenlos, andere kosten 99 Dollar im Monat oder noch mehr. Alle haben ihre Vor- und Nachteile, was die Bedienungsfreundlichkeit, die Zuverlässigkeit, Flexibilität und den Umfang der Datenquellen angeht. Die meisten liefern einen brauchbaren Satz von Zauberformel-Aktien, wenn die Bedingungen erfüllt sind, die wir im Folgenden besprechen.

Eine Suchmöglichkeit wurde speziell für dieses Buch geschaffen und heißt magicformulainvesting.com. Diese Website soll die Erträge, die unsere Studie geliefert hat, so genau wie möglich nachbilden. Sie ist derzeit kostenlos verfügbar. Die Schritt-für-Schritt-Anweisungen, die wir nach dem nächsten Absatz geben, beziehen sich auf magicformulainvesting.com.

Andere Möglichkeiten sind die Programme von businessweek.com, aaii.com, moneycentral.msn.com, powerinvestor.com und smartmoney.com – und es gibt noch mehr. Diese Informationsquellen sind zwar grundsätzlich in Ordnung und entweder kostenlos oder zu vernünftigen Preisen verfügbar, aber sie sind nicht speziell darauf zugeschnitten, Aktien nach der Zauberformel auszuwerfen. Aufgrund der unterschiedlich wählbaren Suchkriterien und aufgrund der unterschiedlichen Datenquellen liefern diese Seiten nur eine grobe Annäherung an die Ergebnisse der Zauberformel. Allgemeine Suchanweisungen finden Sie auf den jeweiligen Internetseiten.

Möglichkeit 1: Magicformulainvesting.com

Schritt 1

Gehen Sie zu magicformulainvesting.com.

Schritt 2

Folgen Sie den Anweisungen zur Auswahl der Unternehmensgröße (Unternehmen mit einer Marktkapitalisierung ab 50 Millionen Dollar, ab 200 Millionen, ab einer Milliarde etc.). Für die meisten Privatanleger dürfte die Größe ab 50 oder ab 100 Millionen ausreichen.

Schritt 3

Folgen Sie den Anweisungen für die Erstellung einer absteigend sortierten Liste von Zauberformel-Unternehmen.

Schritt 4

Kaufen Sie fünf bis sieben hoch eingestufte Unternehmen. Investieren Sie für den Anfang nur 20 bis 33 Prozent der Summe, die Sie im ersten Jahr insgesamt anlegen wollen (für kleinere Anlagesummen eignen sich preiswerte Internetbroker wie foliofn.com, buyandhold.com und scottrade.com wohl am besten).

Schritt 5

Wiederholen Sie alle zwei bis drei Monate Schritt 4, bis Sie das gesamte Geld investiert haben, das Sie für das Zauberformel-Portfolio vorgesehen haben. Auf diese Art müssten Sie nach neun oder zehn Monaten ein Portfolio von 20 bis 30 Aktien beisammen haben (also alle drei Monate sieben Aktien beziehungsweise alle zwei Monate fünf bis sechs Aktien).

Schritt 6

Verkaufen Sie jede Aktie nach einem Jahr. Falls Sie die Kapitalerträge versteuern müssen, verkaufen Sie die Gewinner, wenn

Sie sie ein paar Tage länger als ein Jahr gehalten haben, und die Verlierer ein paar Tage, bevor Sie sie ein Jahr lang gehalten hätten (wie oben erklärt). Verwenden Sie die Verkaufserlöse und etwaiges zusätzliches Anlagevermögen für die Ersetzung der verkauften Unternehmen durch die gleiche Anzahl von neu ausgewählten Zauberformel-Aktien (Schritt 4).

Schritt 7

Befolgen Sie diese Prozedur viele Jahre lang. Vergessen Sie nicht, dass Sie dieses Verfahren unabhängig von den Ergebnissen mindestens drei bis fünf Jahre lang befolgen müssen. Andernfalls hören Sie wahrscheinlich damit auf, bevor die Zauberformel überhaupt die Chance hat zu funktionieren!

Schritt 8

Sie dürfen mir gerne schreiben und sich bedanken.

Möglichkeit 2: Allgemeine Suchanweisungen

Wenn Sie ein anderes Suchsystem als magicformulainvesting.com benutzen, kommen Sie am nächsten an die Ergebnisse der Zauberformel heran, wenn Sie folgende Anweisungen beachten:

- Benutzen Sie als erstes Auswahlkriterium „Return on Assets" (abgekürzt ROA, zu deutsch: Eigenkapitalrendite).
  Setzen Sie die Untergrenze auf ein ROA von 25 Prozent (das ROA nimmt in der Zauberformel den Platz der Kapitalrendite ein).

- Suchen Sie aus den Aktien mit hohem ROA diejenigen mit dem niedrigsten Kurs-Gewinn-Verhältnis (abgekürzt KGV, zu englisch: P/E Ratio oder Price/Earnings Ratio) heraus (das KGV nimmt in der Zauberformel den Platz der Gewinnrendite ein).
- Sortieren Sie alle Versorgungswerte („Utilities") und Finanzwerte („Financials", z. B. Investmentfonds, Banken und Versicherungen) aus der Liste aus.
- Sortieren Sie alle ausländischen Unternehmen aus der Liste aus. Bei den meisten steht hinter dem Namen der Aktie die Abkürzung ADR (für „American Depositary Receipt", eine Art Zertifikat auf Auslandsaktien).
- Wenn das KGV einer Aktie sehr niedrig ist, zum Beispiel unter 5, kann das darauf hindeuten, dass im Vorjahr etwas Außergewöhnliches passiert ist oder dass die Zahlen auf ungewöhliche Art berechnet wurden. Solche Aktien sollte man vielleicht besser aus der Liste aussortieren. Man sollte auch diejenigen Unternehmen aussortieren, die ihre Ergebnisse erst vergangene Woche bekannt gegeben haben (damit verringert man die Gefahr, dass die Zahlen nicht stimmen).
- Wenn die Liste steht, befolgten Sie die Schritte 4 bis 8 der Anweisungen zu magicformulainvesting.com.

ANHANG

Diesen Anhang müssen Sie nicht unbedingt lesen. Wenn Sie die Zauberformel mit Erfolg anwenden wollen, brauchen Sie nur zwei grundlegende Konzepte zu verstehen. Erstens: Es ist sinnvoll, gute Unternehmen zu Spottpreisen zu kaufen. Die Zauberformel sorgt dafür, dass das im Durchschnitt funktioniert. Zweitens: Es kann mehrere Jahre dauern, bis Mr. Market ein Schnäppchen als solches erkennt. Deshalb braucht man für die Zauberformel Geduld. Die Informationen in diesem Anhang sind nur ergänzende Bemerkungen zu diesen beiden Punkten. Der Anhang enthält ausführliche Informationen über die Zauberformel und ist für Leser gedacht, die sich mit Bilanzen und Berichten schon besser auskennen. Außerdem vergleichen wir die Logik und die Ergebnisse der Zauberformel mit anderen Strategien und Methoden, die ebenfalls erwiesenermaßen den Markt übertreffen.

Die Zauberformel

Die Zauberformel sortiert Unternehmen nach zwei Kriterien: Kapitalrendite und Gewinnrendite. Man kann diese Faktoren auf verschiedene Arten berechnen. Im Folgenden erkläre ich, wie diese Maßzahlen für das vorliegende Buch berechnet wurden.[1]

1. Kapitalrendite

EBIT/(Nettoumlaufvermögen + Nettoanlagevermögen)

Die Kaptitalrendite wurde als Verhältnis des Gewinns vor Zinsen und Steuern (EBIT = Earnings Before Interest and Taxes) zu dem *materiellen Kapitaleinsatz* (Nettoumlaufvermögen + Nettoanlagevermögen) berechnet. Wir benutzen dieses Verhältnis aus mehreren Gründen lieber als die üblicheren Verhältnisse *Eigenkapitalrendite* (ROE, Return On Equity, Gewinn aus Eigenkapital) und *Gesamtkapitalrendite* (ROA, Return On Assets, Gewinn aus Vermögenswerten).

Das EBIT (Gewinn vor Zinsen und Steuern) wurde dem Gewinn vorgezogen, weil die verschiedenen Unternehmen auf verschiedenen Schuldenniveaus und mit unterschiedlichen Steuersätzen operieren. Der Betriebsgewinn vor Zinsen und Steuern ermöglicht den Vergleich von Unternehmen ohne steuerliche und zinsliche Verzerrungen. Dann haben wir den tatsächlichen

[1] Für diese Untersuchung wurden immer die Gewinne der letzten zwölf Monate verwendet, die Bilanzdaten aus der neuesten vorliegenden Bilanz und die letzten verfügbaren Schlusskurse. Versorgungswerte, Finanzwerte und Unternehmen, deren Zahlen möglicherweise nicht aktuell sind, wurden ausgeschlossen. Außerdem wurden gewisse unverzinste Verbindlichkeiten anders verrechnet. Die Studie ist so angelegt, dass im Untersuchungszeitraum durchschnittlich 30 Aktien im Depot liegen. Aktien mit begrenzter Liquidität wurden aus der Studie ausgeschlossen. Die Ermittlung der Marktkapitalisierung basiert auf dem Jahr 2003. Die Anzahl der Unternehmen in den Ranggruppen der Liste und in den Gruppen der unterschiedlichen Marktkapitalisierungen variieren entsprechend den Veränderungen im Betrachtungszeitraum.

Betriebsgewinn (EBIT) zu den Kosten der Vermögenswerte ins Verhältnis gesetzt, die für Erzeugung des Gewinns eingesetzt werden (zu dem materiellen Kapitaleinsatz).[2]

Die Summe aus Nettoumlaufvermögen und Nettoanlagevermögen (oder materiellem Kapitaleinsatz) wurde anstelle der *Bilanzsumme* (in der ROA-Berechnung) beziehungsweise des *Eigenkapitals* (in der ROE-Berechnung) verwendet. Wir wollten eben ausrechnen, wie viel Kapital wirklich für den Betrieb des Unternehmens erforderlich ist. Wir haben das Nettoumlaufvermögen beziehungsweise Reinumlaufvermögen verwendet, weil ein Unternehmen zwar seine Außenstände und Bestände finanzieren muss (überschüssiges Geld, das für den Betrieb nicht benötigt wird, wurde nicht mitgerechnet), es muss aber auch Geld für seine Verbindlichkeiten bereitstellen, die man ja im Prinzip als zinsloses Darlehen betrachten kann (kurzfristige verzinste Schulden wurden bei unserer Berechnung der kurzfristigen Verbindlichkeiten nicht berücksichtigt).

Neben dem Kapitalbedarf muss ein Unternehmen auch Anlagevermögen finanzieren, das für den Betrieb erforderlich ist, zum Beispiel Immobilien, Betriebsstätten und Ausrüstung. Deshalb haben wir die abgeschriebenen Nettokosten für dieses Anlagevermögen zum laufenden Kapitalbedarf addiert und damit einen Näherungswert für den materiellen Kapitaleinsatz erhalten.

[2] Für diese Studie und aus Gründen der Einfachheit wurde angenommen, dass die Kosten für Abschreibungen auf Sachanlagen und immaterielle Werte ungefähr so groß sind wie der Kapitalbedarf für die Aufrechterhaltung des Betriebs. Wir gehen also davon aus, dass gilt: EBITDA – Kapitalbedarf/Aufwendungen für Sach- und Finanzanlagen = EBIT.

Anmerkung: Immaterielle Anlagewerte, insbesondere der immaterielle Geschäftswert (Goodwill), wurden bei der Berechnung des Kapitaleinsatzes nicht berücksichtigt. Der immaterielle Geschäftswert resultiert normalerweise aus der Übernahme eines anderen Unternehmens. Im Allgemeinen werden die Kosten für die Übernahme, die über den materiellen Wert hinausgehen, als Goodwill gutgeschrieben. Normalerweise braucht das Unternehmen, das ein anderes erworben hat, für den Betrieb nur die materiellen Vermögenswerte (zum Beispiel Betriebsstätten und Ausrüstung) einzusetzen. Goodwill-Kosten sind historische Kosten – sie brauchen nicht ständig gedeckt zu werden. Deshalb ist in den meisten Fällen die Rendite des materiellen Kapitals (ohne Goodwill) ein besseres Maß für die künftige Kapitalrendite eines Unternehmens. Die ROE- und ROA-Berechnungsmodelle, die viele Investment-Analysten verwenden, sind häufig nicht nur wegen der Nichtberücksichtigung der unterschiedlichen Steuer- und Schuldenniveaus der verschiedenen Unternehmen verzerrt, sondern auch weil sie den Unterschied zwischen *berichtetem* Kapital und Vermögen einerseits und *materiellem* Kapital und Vermögen andererseits nicht berücksichtigen.

2. Die Gewinnrendite

EBIT/Unternehmenswert

Die Gewinnrendite wurde als Verhältnis aus Vorsteuergewinn (EBIT) und Unternehmenswert (Kapitalmarktwert[3] + zinspflich-

[3] einschließlich Vorzugsaktien.

tige Schulden) berechnet. Wir haben aus mehreren Gründen dieses Verhältnis statt des üblicheren Kurs-Gewinn-Verhältnisses (KGV, P/E) oder Gewinn-/Kurs-Verhältnisses (E/P) verwendet. Die Gewinnrendite soll einfach ausdrücken, wie viel Gewinn ein Unternehmen im Verhältnis zu seinem Kaufpreis erzielt.

Wir haben den Unternehmenswert statt des reinen Kapitalwerts (Marktkapitalisierung, Aktienkurs mal Anzahl der Aktien) verwendet, weil er nicht nur den Preis berücksichtigt, den man für einen Anteil am Unternehmen bezahlen muss, sondern auch die Schuldenfinanzierung, die das Unternehmen für die Erzeugung seines Betriebsgewinns aufbringen muss. Indem wir das EBIT (den tatsächlichen Betriebsgewinn vor Zins- und Steueraufwendungen) mit dem Unternehmenswert vergleichen, erhalten wir die Gewinnrendite vor Steuern für den vollen Unternehmenskaufpreis (also Betriebsgewinn vor Steuern im Verhältnis zum Preis des Kapitals zuzüglich Schulden). Dadurch können wir die Gewinnrendite von Unternehmen, die unterschiedlich hoch verschuldet sind und die unterschiedlichen Steuersätzen unterliegen, auf gleicher Ebene miteinander vergleichen.

Wenn beispielsweise ein Unternehmen ein Bürogebäude für eine Million Dollar mit einem Darlehen von 800.000 Dollar und mit 200.000 Dollar Eigenkapital kauft, dann beträgt der Kapitalwert 200.000 Dollar, aber der Unternehmenswert eine Million Dollar. Wenn das Gebäude ein EBIT (Gewinn vor Zinsen und Steuern) von 100.000 Dollar bringt, dann beträgt das EBIT/EV (EBIT/Unternehmenswert, „Enterprise Value“) zehn Prozent (100.000 Dollar/1.000.000 Dollar). Schulden können den scheinbaren Ertrag aus dem Erwerb von Vermögenswerten stark verzerren, wenn man nur den Kapitalwert berücksichtigt. Wenn man von sechs Prozent Zinsen auf den Hypothekenkredit von 800.000 Dollar und von 40 Prozent Steuern ausgeht, dann ergibt sich auf den Kapitalaufwand von 200.000 Dollar eine scheinbare Rendite von 26 Prozent.[4]

Wenn sich die Verschuldung ändert, dann ändert sich auch die Gewinnrendite gerechnet auf das Kapital, obwohl ja die Kosten von einer Million Dollar und das EBIT von 100.000 Dollar, die das Gebäude abwirft, gleich bleiben. Das bedeutet, dass das KGV (P/E) und sein Gegenstück, das E/P, sehr stark von Schulden und Steuern beeinflusst werden, das EBIT/EV hingegen nicht.

[4] 100.000 Dollar EBIT minus 48.000 Dollar Zinsen ergibt einen Vorsteuergewinn von 52.000 Dollar. 52.000 Dollar geteilt durch 200.000 Dollar ergibt 26 Prozent. Das Gewinn-Kurs-Verhältnis (E/P) beziehungsweise die Gewinnrendite nach Steuern betrüge dann 15,6 Prozent (100.000 Dollar EBIT minus 48.000 Dollar Zinsen minus 20.800 Dollar Einkommensteuer. Das ergibt ein Einkommen nach Steuer von 31.200 Dollar; 31.200 durch 200.000 ergibt 15,6 Prozent). Diese 15,6 Prozent Rendite wären eher der EBIT/EV-Rendite nach Steuer von sechs Prozent vergleichbar. (Das heißt, man würde das EBIT als voll versteuert betrachten oder den Nettobetriebsgewinn nach Steuern durch den Unternehmenswert EV dividieren; wichtig: Das voll versteuerte EBIT durch den Unternehmenswert – also die sechs Prozent – wäre diejenige Gewinnrendite, anhand derer man Investmentalternativen mit der risikolosen Rendite zehnjähriger Staatsanleihen vergleichen müsste – nicht das EBIT/EV von zehn Prozent.)

Vergleichen wir einmal zwei Unternehmen miteinander, Unternehmen A und Unternehmen B. Diese Unternehmen sind im Prinzip identisch (gleicher Umsatz, gleicher Betriebsgewinn und so weiter), nur dass Unternehmen A keine Schulden hat, Unternehmen B hingegen mit 50 Dollar verschuldet ist (zu zehn Prozent Zinsen). Alle Angaben verstehen sich pro Aktie.

	Unternehmen A	**Unternehmen B**
Umsatz	100 US-$	100 US-$
EBIT	10 US-$	10 US-$
Zinskosten	0 US-$	5 US-$
Vorsteuergewinn	10 US-$	5 US-$
Steuern (40 %)	4 US-$	2 US-$
Reingewinn	6 US-$	3 US-$

Unternehmen A kostet 60 Dollar pro Aktie, Unternehmen B zehn Dollar pro Aktie. Welches ist preiswerter?
Wollen wir mal sehen: Das KGV von Unternehmen A beträgt 10 (60/6 = 10) Das KGV von Unternehmen B beträgt 3,33 (10/3 = 3,33). Das E/P beziehungsweise die Gewinnrendite von Unternehmen A beträgt 10 Prozent (6/60), die Gewinnrendite von Unternehmen B dagegen 30 Prozent (3/10). Welches Unternehmen ist also preiswerter? Die Antwort liegt auf der Hand, oder? Unternehmen B hat ein KGV von nur 3,33 und eine Gewinnrendite von 30 Prozent. Das sieht viel preiswerter aus als das KGV von 10 und die Gewinnrendite

von nur zehn Prozent, die Unternehmen B vorzuweisen hat. Damit ist Unternehmen B eindeutig billiger, oder? Moment! Sehen wir uns einmal das EBIT/EV beider Unternehmen an. Sie sind gleich! Wäre es für einen Käufer des gesamten Unternehmens relevant, ob er zehn Dollar pro Aktie bezahlen würde und 50 Dollar Schulden pro Aktien hätte oder ob er 60 Dollar bezahlen würde und keine Schulden hätte? Das bleibt sich gleich! In beiden Fällen würde man für 60 Dollar ein EBIT von 10 Dollar kaufen.[5]

	Unternehmen A	**Unternehmen B**
Unternehmenswert (EV) (Preis + Schulden)	60 + 0 = 60 US-$	10 + 50 = 60 US-$
EBIT	10 US-$	10 US-$

[5] Ob man nun für ein Gebäude 200.000 Dollar selbst bezahlt und dazu eine Hypothek über 800.000 Dollar aufnimmt oder ob man gleich eine Million Dollar bezahlt, ist ja eigentlich egal. Das Gebäude kostet in jedem Fall eine Million Dollar.

DAS VERDORBENE ZUFALLSSPIEL

Seit vielen Jahren streiten die Gelehrten, ob es eine andere Möglichkeit gibt, Aktienschnäppchen zu finden, als mit Glück. Diese Auffassung, die häufig als „Random Walk" oder „Theorie der effizienten Märkte" bezeichnet wird, besagt, dass der Markt in höchst effizienter Weise alle öffentlich verfügbaren Informationen aufnimmt und auf dieser Grundlage die Aktienpreise bestimmt. Das würde bedeuten, dass der Markt aus dem Zusammenspiel gut informierter Käufer und Verkäufer mit großem Erfolg Aktien „fair" oder angemessen bewertet. In Kombination mit der Tatsache, dass es den meisten professionellen Managern nicht gelingt, langfristig den Gesamtmarkt zu übertreffen,[1] hat diese Auffassung verständlicherweise zur so genannten „Indexing"-Bewegung geführt. Mit dieser kostengünstigen Strategie strebt man nichts weiter an, als den gleichen Ertrag wie der Markt zu erzielen.

Selbstverständlich haben im Laufe der Jahre zahlreiche Studien versucht, Strategien zu finden, die besser sind als der Gesamtmarkt. Allerdings gab es an diesen Studien immer zahlreiche Kritikpunkte, unter anderem:

1. Die Studie hat den Markt übertroffen, weil die Zahlen, die für die Aktienauswahl benutzt wurden, den Investoren zum Zeitpunkt der Auswahl gar nicht zur Verfügung standen.

[1] Weder vor noch nach Abzug aller Gebühren.

2. Die Ergebnisse sind dadurch verfälscht, dass die verwendeten Zahlen „bereinigt“ wurden. Dadurch, dass Unternehmen herausgenommen wurden, die inzwischen bankrott sind, erscheinen die Ergebnisse der Studie zu gut.
3. Die Studie beinhaltet sehr kleine Unternehmen, die man nicht zu den Preisen hätte kaufen können, die in der Statistik stehen – und Unternehmen, über die nicht berichtet wird und die so klein sind, dass Profis sie nicht kaufen können.
4. Nach Abzug der Transaktionskosten übertrifft die Studie den Markt nur noch unwesentlich.
5. Die Studie hat Aktien ausgewählt, die irgendwie „riskanter“ sind als der Gesamtmarkt, und deshalb ist ihre Performance besser.
6. Im Nachhinein wurden so lange diverse Strategien der Aktienauswahl getestet, bis eine gefunden wurde, die funktioniert hätte.
7. Die Auswahlstrategie, die den Markt übertrifft, beinhaltet Erkenntnisse aus anderen Studien, die zum Zeitpunkt der theoretischen Aktienkäufe nicht verfügbar waren.

Zum Glück trifft auf die Zauberformelstudie offensichtlich keiner dieser Punkte zu. Wir haben dafür eine relativ neue Zahlendatenbank von „Standard & Poor's Compustat“ namens „Point in Time“ benutzt. Diese Datenbank enthält genau die gleichen Informationen, die den „Compustat“-Kunden an jedem Tag des Betrachtungszeitraums zur Verfügung standen. Die Zahlen reichen 17 Jahre in die Vergangenheit und genauso weit reicht auch die Studie zurück. Damit ist sichergestellt, dass weder nicht verfügbare Daten verwendet wurden (1.) noch inzwischen erloschene Unternehmen berücksichtigt wurden (2.).

Des Weiteren funktioniert die Zauberformel mit niedrig und mit hoch kapitalisierten Aktien. Sie bringt weit überdurchschnittliche Erträge und das mit deutlich weniger Risiko als der Gesamtmarkt (unabhängig von der Methode der Risikoberechnung). Somit sind zu geringe Unternehmensgröße, hohe Transaktionskosten und zusätzliches Risiko keine Argumente gegen die Ergebnisse der Studie zur Zauberformel. Was die nachträgliche Suche nach sinnvollen Strategien und wissenschaftliche Untersuchungen angeht, die zum Zeitpunkt der Aktienauswahl nicht verfügbar waren – auch das trifft nicht zu. Tatsächlich waren die beiden Faktoren, die für die Zauberformelstudie verwendet wurden, die beiden ersten, die getestet wurden. Es ist ganz einfach so, dass wir eine hohe Gewinnrendite kombiniert mit hoher Kapitalrendite schon vor der Zauberformelstudie für die wichtigsten Faktoren der Unternehmensanalyse hielten. Kurz gesagt funktioniert die Zauberformel trotz ihrer offensichtlichen Einfachheit und trotz der üblichen Einwände. Sie funktioniert sogar im Vergleich zu komplizierteren Strategien sehr gut, die im Rahmen der besten bislang veröffentlichten Forschungsarbeiten verwendet wurden.

Es sollte einen trotzdem nicht überraschen, dass die Zauberformel so erfolgreich ist. Einfache Methoden, den Markt zu übertreffen, gibt es schon seit geraumer Zeit. Im Laufe der Zeit haben schon viele Studien bestätigt, dass value-orientierte Strategien über längere Zeit betrachtet den Gesamtmarkt übertreffen. Es hat sich gezeigt, dass sich dafür verschiedene Wert-Kriterien eignen. Unter anderem kann man Aktien nach niedrigem

Kurs-Buchwert-Verhältnis, Kurs-Gewinn-Verhältnis, Kurs-Cashflow-Verhältnis, Kurs-Umsatz-Verhältnis und/oder Kurs-Dividende-Verhältnis auswählen. Ähnlich wie die Zauberformel funktionieren auch die anderen Value-Strategien nicht immer – aber über längere Zeiträume eben doch. Diese Strategien sind über viele Jahre gut dokumentiert, aber die meisten privaten und professionellen Investoren haben dafür nicht genug Geduld. Die langen Phasen unterdurchschnittlicher Performance machen es offensichtlich schwierig – und für manche Profis unmöglich – sie anzuwenden.

Ein weiteres Problem besteht darin, dass diese einfachen Strategien zwar gut funktionieren, dass sie aber mit Aktien geringer und mittlerer Kapitalisierung besser funktionieren als mit Aktien hoher Marktkapitalisierung. Auch das sollte eigentlich nicht überraschen. Bei Unternehmen, die so klein sind, dass Profis sie nicht kaufen können, und die so wenig Gebühreneinnahmen bringen, dass sich die Berichterstattung durch Analysten nicht lohnt, ist es wahrscheinlicher, dass sie übersehen oder missverstanden werden. Aus diesem Grund ist in diesem Bereich die Chance größer, dass man Schnäppchen findet. So war es zumindest bei der Zauberformelstudie. Die besten Ergebnisse brachte die Zauberformel mit den am niedrigsten kapitalisierten Aktien.

Man kann die gute Performance aber nicht einfach der niedrigen Kapitalisierung zuschreiben, denn die niedrig kapitalisierten Aktien übertrafen die Large Caps im Betrachtungszeitraum nicht erheblich. Wenn man die für uns in Frage kommenden Aktien nach Marktkapitalisierung in zehn Gruppen unterteilt, ergibt sich in den 17 betrachteten Jahren für die zehn Prozent kleinsten Aktien ein durchschnittlicher Ertrag von 12,1 Prozent und für die zehn Prozent größten Aktien ein Ertrag von 11,9 Prozent. In den benachbarten Gruppen sieht es nicht viel anders aus: Die nächstgrößeren und nächstkleineren Aktien brachten 12,2 respektive 11,9 Prozent.

Aber die Frage, ob niedrig kapitalisierte Aktien mehr bringen als hoch kapitalisierte Aktien ist auch gar nicht besonders relevant. Es klingt logisch, dass die Wahrscheinlichkeit, Schnäppchen (und nebenbei gesagt auch überbewertete Aktien) zu finden, im Small-Cap-Bereich größer ist, weil mehr Aktien zur Auswahl stehen und weil es bei kleinen Aktien wahrscheinlicher ist, dass sie nur oberflächlich analysiert werden und infolge dessen falsch bewertet sind. In gewissem Sinne fällt es einfachen Methoden wie der Kurs-Buchwert-Methode und der Zauberformel leichter, unter den kleinen Aktien Schnäppchen zu finden.

In einer Hinsicht weicht die Zauberformel allerdings von anderen Studien ab, die überdurchschnittliche Ergebnisse erzielt haben – und zwar unabhängig von der Kompliziertheit oder Einfachheit der Strategien: Auch bei größeren Aktien (Marktkapitalisierung über eine Milliarde Dollar) bringt die Zauberformel immer noch unglaublich solide Resultate. Andere Methoden schaffen das nicht annähernd. So unterschied beispielsweise das am weitesten verbreitete Kriterium für die Unterscheidung von Value- und Growth-Aktien – das Kurs-Buchwert-Verhältnis – bei diesen größeren Aktien nicht besonders gut zwischen Gewinnern und Verlierern. Die zehn Prozent der Aktien, die nach diesem Kriterium am höchsten eingestuft wurden (die preiswertesten zehn Prozent) übertrafen die schlechtesten (teuersten) zehn Prozent nur um zwei Prozent pro Jahr.[2]

Die Zauberformel bewährte sich im Vergleich dazu viel besser. Die am höchsten eingestuften Zauberformel-Aktien (die billigsten zehn Prozent) übertrafen die am niedrigsten eingestuften (die teuersten zehn Prozent) in den 17 untersuchten Jahren im Durchschnitt um mehr als 14 Prozent. Das beste Zehntel brachte einen Jahresertrag von 18,88 Prozent, das schlechteste 4,66 Prozent und der durchschnittliche Ertrag aller Aktien mit einer Marktkapitalisierung von über einer Milliarde Dollar betrug 11,7 Prozent. Und in Wahrheit ist das auch nicht überraschend. Ein relativ niedriger Preis im Vergleich zu den bisherigen Kosten der Vermögenswerte deutet zwar darauf hin, dass eine Aktie vermutlich preiswert ist, aber hohe Gewinne im Verhältnis zum Preis und zu den historischen Kosten für Vermögenswerte sind ein viel direkteres Maß für die Bewertung und sollten logischerweise besser funktionieren. Und natürlich verwendet die Zauberformel genau diese beiden Faktoren.

Eine der signifikantesten jüngeren Untersuchungen wurde unter der Leitung von Joseph Piotroski an der University of Chicago durchgeführt.[3]

Piotroski hat die Analyse des Kurs-Buchwert-Verhältnisses einen Schritt weiter getrieben. Er hat festgestellt, dass Aktien

[2] Die zehn Prozent Aktien mit den niedrigsten Kurs-Buchwert-Verhältnissen brachten 13,72 Prozent und die zehn Prozent mit den höchsten Kurs-Buchwert-Verhältnissen 11,51 Prozent. Der Gesamtmarkt dieser Gruppe belief sich auf 11,64 Prozent.

[3] Piotroski, J.: „Value Investing: The Use of Historical Financial Statements to Separate Winners from Losers", in: *Journal of Accounting Research*, vol. 38, supplement, 2000.

mit niedrigem Kurs-Buchwert-Verhältnis zwar im Durchschnitt den Markt übertreffen, dass sich aber in Wirklichkeit nur die Hälfte der Aktien, die nach diesem Verfahren ausgewählt wurden, auch wirklich besser entwickelt als der Gesamtmarkt. Piotroski fragte sich, ob er nicht mit einfachen und leicht zugänglichen Kennzahlen die Ergebnisse der Kurs-Buchwert-Strategie verbessern könnte. Mithilfe von neun unterschiedlichen Maßen für die finanzielle Gesundheit von Unternehmen suchte Piotroski aus den Aktien mit niedrigem Kurs-Buchwert-Verhältnis das beste Fünftel (also die preiswertesten 20 Prozent) heraus. Unter anderem berücksichtigte er die Profitabilität, die betriebliche Effizienz und die Bilanz.

Die Ergebnisse der Studie, die über 21 Jahre durchgeführt wurde, waren spektakulär – jedoch mit einer Ausnahme: Bei großen Aktien funktionierte sie nicht richtig. Wenn man Piotroskis Strategie auf das obere Drittel der Aktien nach Marktkapitalisierung[4] anwendet, übertreffen die Aktien, die nach Piotroskis Neun-Punkte-Skala die besten sein müssten, die durchschnittliche Marktentwicklung nicht in signifikanter Weise.[5] Auch das ist nicht überraschend, denn wie schon gesagt, findet man unter den niedrig und mittel kapitalisierten Aktien leichter fehlbewertete Unternehmen.

[4] Aktien mit einer Marktkapitalisierung über 700 Millionen Dollar.

[5] Piotroskis „niedrig" eingestuften Large-Cap-Aktien brachten im Vergleich zu anderen Aktien mit niedrigem Kurs-Buchwert-Verhältnis relativ schlechte Ergebnisse, aber sein System wählte in 21 Jahren auch nur 34 solcher Aktien aus.

Es ist kein Einzelfall, dass eine Methode, die den Markt übertreffen soll, bei großen Aktien relativ schlecht funktioniert. Sogar ausgeklügelte Strategien, die ansonsten hervorragende Ergebnisse bringen, schlagen sich im Large-Cap-Bereich[6] nicht annähernd so gut wie die vergleichsweise einfache Zauberformel. Eines der besten komplexen Faktoren-Modelle stammt von Robert Haugen und Nardin Baker.[7] Professor Haugen hat auf der Grundlage der hervorragenden Ergebnisse, die seine Bahn brechende Arbeit bringt, sogar eine Finanzberatung gegründet.

Im Unterschied zu den zwei Faktoren der Zauberformel verwendet Haugens kompliziertes Modell 71 Faktoren, anhand derer man angeblich voraussagen kann, wie sich Aktien künftig entwickeln. Diese 71 Faktoren bewerten Aktien nach „Risiko, Liquidität, Finanzstruktur, Profitabilität, Kurshistorie und Analystenschätzungen". Die verschiedenen Faktoren werden nach einem komplexen System gewichtet und daraus werden dann die künftigen Erträge jeder Aktie vorhergesagt. Haugen hat die „erwarteten Erträge" der mehr als 3.000 Aktien, die er mithilfe seines Modells beurteilt hat, auf seiner Website veröffentlicht, und zwar für den Zeitraum von Februar 1994 bis November 2004. Wir haben beschlossen, Haugens Modell zu testen und nachzuprüfen, ob es auch mit hoch kapitalisierten Aktien funktioniert (Aktien, die im Jahre 2004 eine Marktkapitalisierung von mindestens einer Milliarde Dollar hatten).

[6] Beziehungsweise im Small-Cap-Bereich.

[7] Haugen, R. und N. Baker: „Commonality in the Determinants of Expected Stock Returns", in: *Journal of Financial Economics*, Summer 1996.

Es klappt. Die Ergebnisse waren sogar sensationell. In den betrachteten gut zehn Jahren brachten die untersuchten Large-Cap-Aktien durchschnittlich 9,38 Prozent Ertrag. Wenn man die Aktien gekauft hätte, die Haugens 71-Faktoren-Modell am höchsten einstuft (oberes Zehntel), hätte man dagegen einen Ertrag von 22,98 Prozent bekommen. Die am niedrigsten eingestuften Aktien hingegen (unteres Zehntel) brachten 6,91 Prozent Verlust. Das heißt, zwischen den Besten und den Schlechtesten liegt eine Spanne von fast 30 Prozent! Dieses Ergebnis erhält man unter der Annahme, dass man die Aktien jeweils einen Monat lang hält und am Ende jedes Monats die Rangfolge neu berechnet. Dieses Ergebnis ist natürlich großartig, aber die Zauberformel war noch besser!

In den gleichen etwas mehr als zehn Jahren brachten die am höchsten eingestuften Aktien (das beste Zehntel) nach dem Zauberformelmodell einen Jahresertrag von 24,25 Prozent. Die schlechtesten Aktien (das schlechteste Zehntel) brachte 7,91 Prozent Verlust. Damit ergibt sich zwischen den Besten und den Schlechtesten eine Spanne von mehr als 32 Prozent! Die Ergebnisse der Zauberformel waren zwar etwas besser (und leichter zu erzielen) als die Ergebnisse des 71-Faktoren-Modells von Haugen, aber beide Methoden brachten hervorragende und ziemlich vergleichbare Ergebnisse. Aber eines ist dazu zu sagen: Die meisten Menschen, die ihr Geld in Aktien anlegen, tun das nicht, indem sie die Aktien immer nur einen Monat lang halten (und sollten das auch nicht tun). Abgesehen von dem immensen Zeitaufwand, den enormen Transaktionskosten und Steuern muss man sagen, dass das eigentlich eine Trading-Strategie ist, keine praktikable langfristige Anlagestrategie. Und was passiert, wenn wir den Test so abwandeln, dass jedes Portfolio ein Jahr lang gehalten wird?[8]

Dabei geschieht etwas sehr Interessantes. Haugens 71-Faktoren-Modell bewährt sich immer noch: Das beste Zehntel bringt einen Ertrag von 12,55 Prozent (der Gesamtmarkt nur 9,38 Prozent) und das schlechteste Zehntel 6,92 Prozent. Die Spanne zwischen gut und schlecht beträgt also 5,63 Prozent. Wenn wir die Ergebnisse für den einmonatigen Haltezeitraum nicht kennen würden, würde das immer noch sehr gut aussehen. Aber was passiert mit der Zauberformel? Das am besten eingestufte Zehntel bringt 18,43 Prozent und das am schlechtesten eingestufte 1,49 Prozent – eine Differenz von fast 17 Prozent! Das ist ziemlich gut, egal wie man es betrachtet. Und noch etwas Interessantes: Das schlechteste Ergebnis, das man erzielt, wenn man Haugens Strategie 36 Monate lang ohne Unterbrechung befolgt (mit jährlichem Austausch), sind -43,1 Prozent. Der schlechteste 36-Monats-Zeitraum der Zauberformel brachte dagegen einen positiven Ertrag von 14,3 Prozent. Und nicht nur das – dafür waren 69 Faktoren weniger und viel weniger Rechnerei nötig![9]

[8] In dem 10-Jahres-Zeitraum wird jeden Monat ein Portfolio gekauft und ein Jahr gehalten, so dass jede Strategie anhand von 120 einzelnen Portfolios getestet wird.

[9] Professor Haugen empfiehlt allerdings weder, ein Portfolio aus den obersten zehn Prozent seiner Aktien zusammenzustellen, noch die Aktien ein Jahr lang zu halten. Außerdem entspricht der Verlust, den man mit den obersten zehn Prozent nach Haugen in den schlechtesten 36 Monaten hätte hinnehmen müssen, ungefähr dem Verlust des Gesamtmarktes im gleichen Zeitraum. Die genannten statistischen Werte wurden ausschließlich zu Vergleichszwecken mit der Zauberformel zusammengestellt, wobei nur Aktien verwendet wurden, die für Haugen und für die Zauberformel in Frage kommen und deren Marktkapitalisierung über einer Milliarde Dollar liegt.

Kommen wir also zum entscheidenden Punkt. Die Zauberformel funktioniert offensichtlich sehr gut. Ich hoffe und glaube, dass sie auch in Zukunft gut funktioniert. Und ich habe noch eine Hoffnung. Mark Twain hat über den Golfsport einmal gesagt, dass er den schönsten Spaziergang verdirbt. Ich hoffe, dass das Zufallsspiel irgendwann ebenfalls als verdorben gilt.[10]

[10] Wenn ich noch einmal darüber nachdenke, frage ich mich, was ich da eigentlich rede. Natürlich hoffe ich, dass es so bleibt!

368 Seiten
gebunden mit SU
29,99 [D] / 30,90 [A]
ISBN: 978-3-86470-629-5

Howard Marks:
Marktzyklen meistern

Howard Marks ist DER Experte in Sachen Marktzyklen.
Ein Anleger, der Marktzyklen erkennt und versteht, genießt einen entscheidenden Vorteil. Marks erklärt, welche Zyklen es gibt, wie Sie diese erkennen und wie Sie Ihre Investment-Entscheidungen daran ausrichten. So erzielen Sie überlegene Anlageerfolge – indem Sie immer zur rechten Zeit im Markt investiert sind oder entspannt an der Seitenlinie abwarten.

Börsenbuchverlag

320 Seiten,
gebunden mit SU,
24,90 [D] / 25,60 [A]
ISBN: 978-3-86470-753-7

Robert G. Hagstrom:
Warren Buffett – Das ultimative Mindset für Investoren

Eine eher beiläufige Bemerkung auf der Berkshire-Hathaway-Hauptversammlung bescherte dem renommierten Buffett-Kenner Hagstrom ganz neue und überraschende Einsichten. Das Resultat ist dieses Buch, in dem er Buffetts ganzheitliches Konzept eines erfolgreichen Investors darstellt und seine Anpassung an die gewandelte Investment-Landschaft – Stichwort Big Tech – analysiert. So treten bislang nicht beachtete Facetten zutage, die das Investment-Genie Buffett in einem neuen Licht erscheinen lassen.

Börsenbuchverlag

272 Seiten,
broschiert,
24,90 [D] / 25,60 [A]
ISBN: 978-3-86470-739-1

Joshua Pearl, Joshua Rosenbaum: Investieren wie die Profis

Wie gehe ich systematisch an die Aktienauswahl heran? Wie soll ich aus Tausenden Aktien die für mich passenden herausfiltern? Anhand von realen Beispielen und Modellen von Wall-Street-Profis zeigen die Autoren Schritt für Schritt, wie man qualitativ hochwertige Aktien auswählt und gleichzeitig sein Portfolio mit den besten Praktiken des Risikomanagements schützt. Ihr Stock-Picking-System ist schlüssig und für jedermann nachvollziehbar. So wird das Investment in Aktien transparent, Hemmschwellen werden abgebaut, dem Anlageerfolg steht nichts mehr im Wege.

Börsenbuchverlag

336 Seiten,
gebunden mit SU,
29,99 [D] / 30,90 [A]
ISBN: 978-3-86470-254-9

Thomas Gebert: Der große Gebert

„Der intelligente Investor", „Börsenindikatoren" und „Börsenzyklen" sind Klassiker der Börsenliteratur. Thomas Gebert hat sie komplett überarbeitet, an die heutige Situation angepasst und mit aktuellen Beispielen versehen – geballtes Börsenwissen, das dem Leser zeigt, wie er unaufgeregt und überaus erfolgreich an den Märkten agieren kann.